［巻頭特集］
モンスターは
実在する⁉
家畜をおそってその血を吸う
残忍なモンスター「チュパカブラ」。
アメリカ大陸の各国で大勢の
人びとに目撃されている。
こんな怪物がこの世に
本当に存在するのだろうか――
くわしくは38ページ

1章

未確認モンスター

目撃情報がありながら、実際に存在が確認されていない未確認モンスター「UMA」。やつらの正体はいったい何ものなのか!?

いる? いない?

人間におそいかかってくる!

少年を連れ去ろうとする巨鳥サンダーバード(30ページ)。

アフリカ奥地で人びとにおそれられているモケーレ・ムベンベ(26ページ)。

古代生物の生きのこり!?

ネス湖にすむというネッシー(24ページ)。首長竜の生きのこりか?

するかもしれない…

体長3メートルの巨大異星人フラットウッズ・モンスター（58ページ）。

UFOとともに目撃される人型のグレイ（54ページ）。

宇宙からやってきた怪物

スレンダーマン（49ページ）はインターネットのうわさが現実に？

南極にすむニンゲン（61ページ）。その存在はすべてが謎。

世界のどこかに存在

2章
伝説のモンスター
神話や伝説などに登場する魔物や幻獣たち。強大な闇の魔力をもつものから、いやしの光をまとうものまでさまざまな種族がいる。
幻想世界にすむ
強大なモンスターたち！
炎の中にすんでいるというサラマンダー（71ページ）。
はげしい炎を意のままにあやつる！
光のオーラを身にまとう
ユニコーン（92ページ）は毒を浄化できる力をもつという。
ドラゴン（64ページ）は最強のモンスターとしておそれられた。

見る物をおそれさせる！

北欧神話に登場する巨人トロール（109ページ）。

ゴルゴーン（90ページ）の目を見たものは石になるという。

どうしてそんな姿になった？

スライム（108ページ）は不定形のモンスターだ。

ライオンの頭にヤギの足をもつブエル（100ページ）。

幻想世界にひしめく

3章 日本のモンスター

日本独自のモンスター「妖怪」。昔話に伝わるものや、江戸時代の絵師がえがいたものなど、日本人にとって身近な存在だ。

妖怪見っけ！

国を滅亡にみちびこうとした九尾の狐（128ページ）。

こわい！凶暴な極悪妖怪

体に100の目がある凶暴で巨大な百目鬼（127ページ）。

いるかもしれない…

もしも夜道で出会ったら…
古いお寺ではひとつ目小僧(126ページ)に要注意！
古いぞうりや下駄は化けることがあるぞ(156ページ)。
巨大などくろの姿をしたがしゃどくろ(136ページ)。
ふさふさ妖怪に、タプタプ妖怪!?
毛むくじゃらの毛羽毛現(171ページ)。
肉のかたまりのようなぬっぺふほふ(169ページ)。
妖怪はきみの近くに

エビに似た巨大生物アノマロカリス（184ページ）。

カンブリア紀のエビ!?

本当にいた！

4章 巨大モンスター

この地球上に、実際に生息しているものや、かつて存在していたものなど、その実在が確認されている巨大モンスターたちがいる！

地上を支配した最凶の鳥！

ターを大公開！

ディアトリマ（196ページ）は体長２メートルをこえる鳥類だ。

マッコウクジラと互角に戦うダイオウイカ（174ページ）。

おそろしい超巨大深海生物

人間をひとのみするほど巨大なメガロドン（180ページ）。

実在の巨大モンス

番外編
なるほど！モンスター
モンスターにまつわる不思議な話やミステリーを集めたコラムも掲載！これを読めばモンスターにもっとくわしくなれるかも？
恐竜の生きのこりが存在する証拠!?
メキシコで発見された恐竜型の土偶。恐竜は人間と共存していた!? くわしくは28ページへ。
なんと、ドラキュラ伯爵は実在の人物だった!? くわしくは116ページへ。
ドラキュラ城は実在する!?
雪山にのこされた謎の足あと
ヒマラヤ山中に獣人イエティ（22ページ）が存在する？
モンスターを退治したハンターたち
ヘラクレス（88ページ）ほか、モンスター退治の英雄が存在した！

宮本幸枝・著
学研ミステリー百科 6
モンスター
大百科

もくじ
CONTENTS

The Encyclopedia of Monsters

今も存在する!?

世界のモンスター 主な生息分布地図

★北アメリカ

◎ビッグフット
◎サンダーバード
◎ゴートマン
◎スレンダーマン
◎フラットウッズ・モンスター
◎カエル男
◎リザードマン
◎ジャージーデビル
◎ドーバーデーモン
◎ハニースワンプモンスター
◎グレイ

★日本

◎ツチノコ
◎ヒバゴン
◎鬼
◎ひとつ目小僧
◎雷獣
◎かまいたち
◎鵺
◎土蜘蛛
◎天狗
◎うぶめ
◎河童 ほか

★ハイチ

◎ゾンビ

★南アメリカ

◎チュパカブラ
◎フライングヒューマノイド

★世界各地の海

◎人魚
◎半魚人
◎シーサーペント
◎ダイオウイカ

★南極

◎ニンゲン

★イギリス
◎エイリアンビッグキャット
◎オウルマン
◎ネッシー
★北ヨーロッパ
◎トロール
★東ヨーロッパ
◎ゴーレム
◎吸血鬼
◎狼男
★ヨーロッパ全土
◎ドラゴン
◎ウロボロス
◎ガーゴイル ほか
★ギリシア
◎セイレーン
◎ミノタウロス
◎ゴルゴーン
◎サイクロプス
◎ヘカトンケイル
◎スフィンクス
★モンゴル
◎モンゴリアン・デス
★中国
◎麒麟
◎帝鴻
◎刑天
★リビア
◎バジリスク
★中東
◎バハムート
◎グール
★インド
◎ユニコーン
★中央アフリカ
◎コンガマトー
◎モケーレ・ムベンベ
The World Map of Monsters

本書の使い方

モンスターの語源は、ラテン語の「monstrum」で、
「えたいのしれない恐ろしい怪物」を意味し、もともとは神からの
警告という意味をもっていた。人間の想像をこえた不思議なことや
驚くべきものに出会ったら、それは危険を知らせる神からのお告げなのだ。
本書では、世界各地にあらわれた危険なモンスターたちを紹介している。
最強のモンスターを一緒に探しにいこう！

危険度、レア度
モンスターの危険レベルと出没頻度をチェック！

サイズ
小学生（145センチ程度）とモンスターの大きさを比較した図。

属性アイコン
モンスターの属性を示す（左ページ参照）。

メモ
知っておくと役立つかもしれない豆知識。

ナンバー
1~101まで、紹介するモンスターの順番を表す。

写真・図
モンスター実在の証拠を示すもの。

名前
モンスターの一般的なよび名。

データ
出没場所、体長、特徴や性格など、モンスターの情報を示す。

ポイント
モンスターの弱点など注目しておきたい部分を説明。

用語解説

UMA	まだその存在が確認されていない未知生物の総称。
UFO	空飛ぶ謎の飛行物体。宇宙からやってきたのではないかといわれる。
獣人	人間のように二足歩行をする全身が毛におおわれた未確認生物。
精霊	自然のさまざまなものに宿っている霊的な存在。
神獣	神としてあつかわれることもある怪物。
英雄	武勇や知恵にすぐれ、モンスター退治など偉大なことをなしとげた人物。
祈祷	神仏に祈り、妖怪や悪魔を弱らせるために行う儀式のこと。
神通力	ふつうにはできないことを可能にする霊的な力。超能力。

属性について

ナンバーのところにあるアイコンは、
モンスターそれぞれの特性を表す「属性」を示している。
下の図で対角線上にあるものはお互いに苦手とする属性となる。
モンスターの情報と組み合わせて強さを比べてみよう。

聖なる光のオーラを身につけたもの。雷をあやつることもある。

翼などの飛翔装置をもち天空を自在にかけめぐることができる。

火をあやつる属性。炎のようにはげしい攻撃力をもつものも。

強い魔力や呪いの力をもつもの。もとは人間だったものもいる。

水辺に現れて、水の中を自由に動きまわることができる。

山や草原、森林などのエネルギーを力に変えることができる。

地獄の住人やアンデッドなど、闇の力によって生まれた存在。

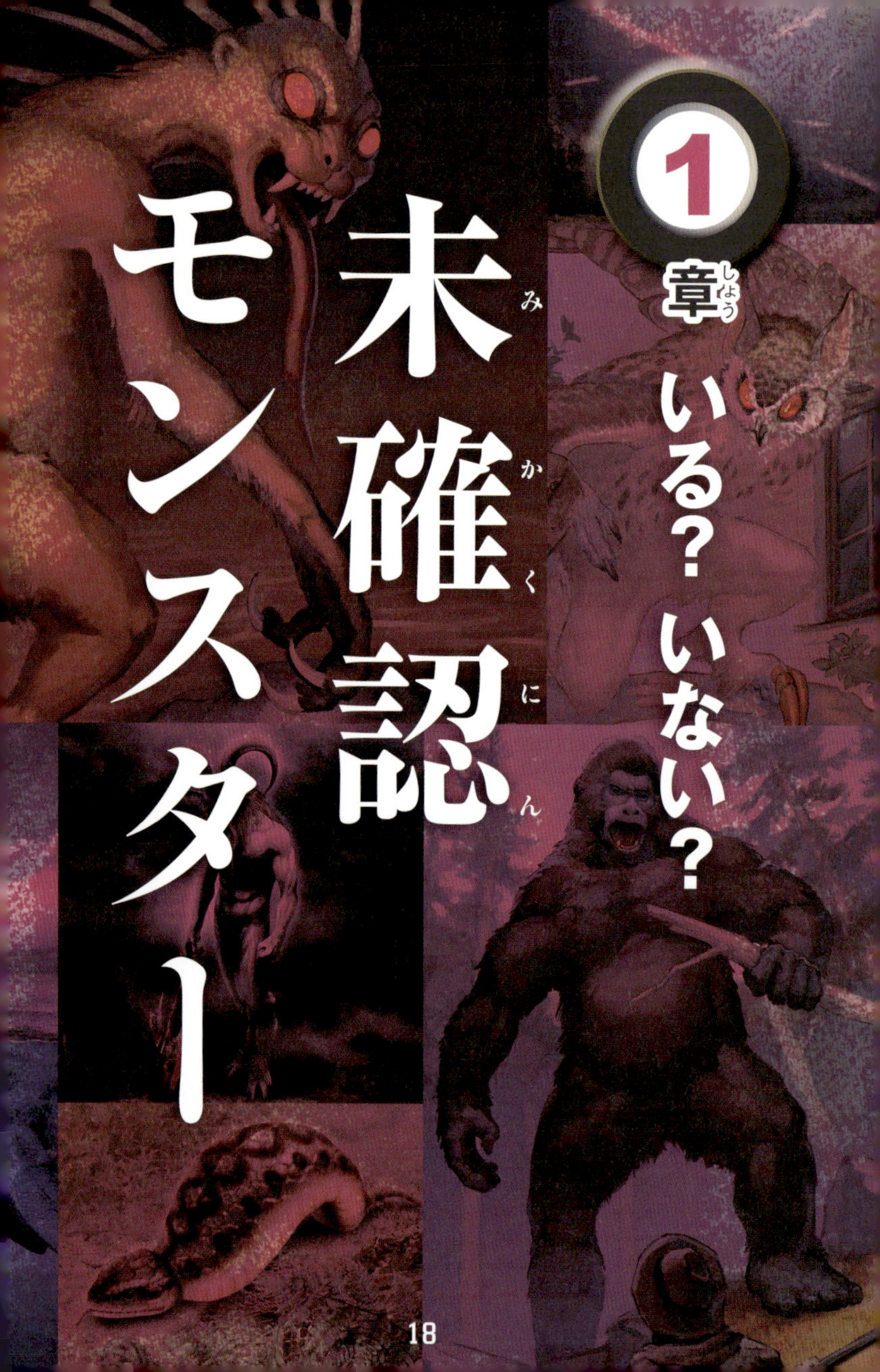

1章(しょう)

いる？　いない？

未確認(みかくにん)モンスター

世界には正体が明らかになっていない
未知のモンスターがひそんでいる！
「UMA」とよばれる
現代の怪物たちを見ていこう。

1
Monsters of the World
森に現れる大型獣人
ビッグフット
ポイント
体中のほとんどが長さ5～10cmの毛でおおわれている。
ポイント
がっちりとした筋肉のたくましい体つき。おそわれたら大ケガをする。

英語で「大きな足」を意味するビッグフットは、名前の通り大きな足をもつ。発見された足あとは35～40センチ。その大きさから、体重は200～300キロと推定されている。アメリカやカナダの山岳地帯で目撃例が多く、1967年には山の中を歩く姿が16ミリフィルムで撮影された。

ビッグフットは約30万年前に絶滅した「ギガントピテクス」の生きのこりではないかという説がある。ただしギガントピテクスは四足歩行だったといわれ、決定的な説ではない。

SIZE

危険度：●●○○○
レア度：●●○○○

DATA
出没場所：アメリカ、カナダの山地
体長：2.5～3m
特徴：直立二足歩行をし、北アメリカの広い範囲で目撃されている。
性格：基本的におとなしく温厚で、人に危害を加えることはあまりない。

▲ワシントン州ワラワラに現れたビッグフットの足あとの石こう型。

MONSTER OF LEGEND

雪山に怪物が現れた！

世界には、その姿が目撃されながらも、生物学的に存在が証明されていない未確認の生き物が数多くいるという。それら謎の生物たちは、UMAと呼ばれている。

ビッグフットとならび、世界で最もよく知られている獣人UMAが、ヒマラヤ山脈に現れるというイエティだ。イエティとは、ネパール語で〝岩場の動物〟という意味である。標高4000～7600メートルの高所で目撃されることが多い。体長4・5メートルの大型、2・5メートルの中型、1・5メートルの小型と3種類のタイプがいて、全身が黒い毛におおわれ、二足歩行をしている。性格はおだやかで、これまでにイエティが人間をおそったことはほとんどないという。

▲1951年に発見されたイエティのものと考えられる足あと。

ネパールの少数民族シェルパ族では、古くからイエティの存在が語りつがれてきた。しかし1889年、イギリス陸軍中尉のオースティン・ウォーデルがヒマラヤ山中で奇妙な未知動物の足あとを発見すると、イエティは伝説上のモン

▲ヒマラヤの寺院に保管されているイエティの頭皮のひとつ。

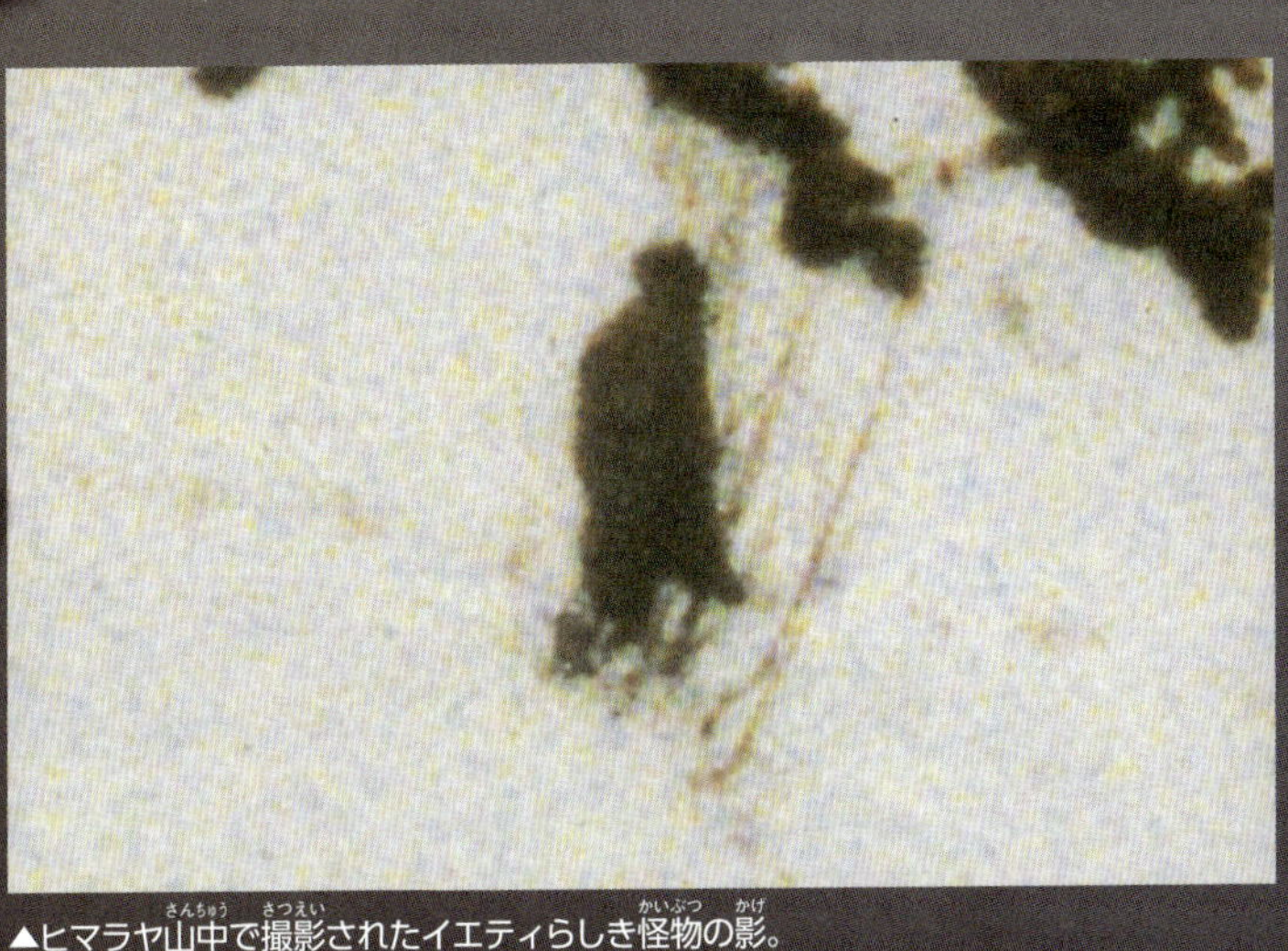

▲ヒマラヤ山中で撮影されたイエティらしき怪物の影。

スターではなく、実在する生き物なのではないかと考えられるようになった。その後、多くの探検家がイエティの探索に乗り出した。

1986年には、イギリスの登山家がイエティらしき影の撮影に成功した。この写真は大きな論争をよび、「雪の中につき出た岩肌が人間のような姿に見えただけ」とうたがう人も多い。

その一方で、イエティの頭皮らしきものが3つ、ヒマラヤの寺院に保管されていることも知られている。その頭皮のひとつは、のちに学者たちの研究によりヒマラヤカモシカの毛皮であるという結論がもたらされたが、別の頭皮には、まったくちがう分析結果が出ている。「毛の成分から見て、霊長類、とくにヒトに近い類人猿などの生物の仲間のものである可能性は否定できない」——。

イエティ実在をめぐる謎はつきないのだ。

ネッシー

湖にひそむ巨大水棲獣

DATA
出没場所：ネス湖（イギリス）
全長：12m
特徴：首と尾が長く、丸みをおびた胴体に2対のヒレをもつ。
性格：姿をなかなか見せないので、臆病なのかもしれない。

ポイント
背中に大きなふたつのコブがある。

ポイント
尾の長さは、5～6m。首の長さとほぼ同じくらい。

ポイント
頭部は50～60cmの大きさで、2本の角がある。

SIZE

危険度：
レア度：

水深約200メートルのネス湖にすむネッシーは、20世紀に初めて発見されて以来、これまでに4000人以上の人びとが目撃しているという。白亜紀に生息していた首長竜の生きのこりではないかといわれている。

▲1977年に撮影されたネッシーの写真。にせものではないかとうたがう研究者もいる。

3 Monsters of the World

モケーレ・ムベンベ

ジャングルに現れる恐竜？

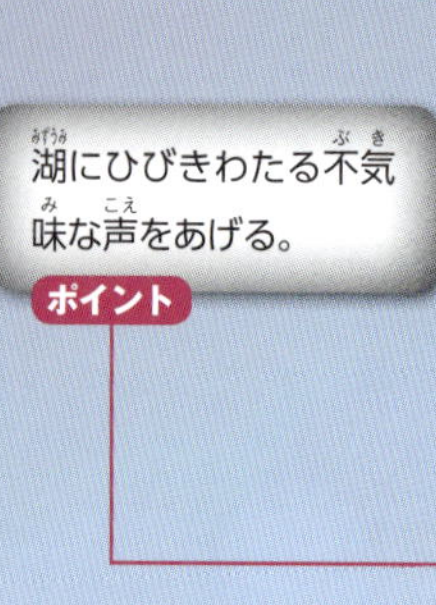

湖にひびきわたる不気味な声をあげる。
ポイント

ポイント

足の先には3本の爪がついている。ジュラ紀の恐竜アパトサウルスの特徴に近い。

アフリカ大陸の中央、コンゴ共和国のジャングルの奥地に、テレ湖とよばれる湖がある。モケーレ・ムベンベはそこにすんでいる。ふだんは水中にひそみ、たびたび陸地に現れては人間をおそうといわれている。うわさをしただけで死ぬと伝えられ、不吉な怪物として現地の人びとにおそれられている。

!
1959年に先住民族のピグミー族がテレ湖の近くで、モケーレ・ムベンベをとらえて殺した。しかし、その肉を食べた全員が死亡。呪いの事件として現地の人びとはふるえあがった。

▲1966年に撮影された恐竜のような足あと。モケーレ・ムベンベのものだろうか？

SIZE

危険度：●●●●○
レア度：●●●○○

DATA
出没場所：コンゴ共和国
全長：8～15 m
特徴：小さな頭と長い首を持ち、トカゲのように四足歩行をする。
性格：草食性だが凶暴で、ひとたび出会えば、おそいかかってくる。

なるほど！モンスター Column 2

恐竜は生きている!?

今から約2億5000万年前ごろの地球は、恐竜とその仲間たちが繁栄をきわめていた。恐竜のほかにも、翼竜、首長竜など多くの巨大で凶暴な爬虫類が、海や空を含めた地球上のあらゆる場所に君臨していたのだ。これらの生き物は、じつに1億9000万年もの長きにわたって繁栄を続けたにもかかわらず、大量絶滅してしまった。その原因は、巨大な小惑星が落下して全地球の環境が激変し、巨大な爬虫類が住めない世界に変わってしまったためだといわれている。

ところが、その絶滅したはずの恐竜の仲間が今も地球上に存在しているかもしれないといううわさがある。イギリスのネス湖で発見されたネッシー（24ページ）や、アフリカの湖にすむというモケーレ・ムベンベ（26ページ）は、その特徴や目撃された姿が、首長竜や恐竜にそっくりだというのである。さらに、南アフリカではコンガマトー（32ページ）とよばれる翼竜に似たUMA（未知動物）も目撃されており、2015年9月には、アメリカ・アイダホ州でもまるでプテラノドンのような姿をした生物が空を飛んでいる映像が動画サイトに投稿され、大きな話題をよんだ。

大量絶滅をまぬがれた恐竜が、今もこの地球に生きのこっているとでもいうのだろうか？　とても信じられる話ではないが、その可能性をしめすものがメキシコのアカンバ

MONSTER OF LEGEND

▲アカンバロの恐竜土偶。ステゴサウルスやアロサウルスにそっくりなものがある。

ロで発見された「恐竜土偶」であるという。

1945年、南アメリカのペルーを探索していたアマチュア考古学者のワルデマール・ユルスルートが、アカンバロ郊外で奇妙な形の土偶を発見した。紀元前2500年ごろにつくられたとみられる多数の土偶の中に、イヌやゾウなどの動物にまぎれて、恐竜そっくりな姿をしたものがあったのだ。

恐竜の化石が発見され、研究が始められるようになったのは19世紀以降のことだ。しかし、絶滅した恐竜のことさえ知らないはずの人びとがその姿を知っていたのはどういうわけだろう。もしかすると、古代の人びとは、恐竜と共存していたのだろうか?

恐竜たちは、ジャングルや湖の奥深くにひっそりと息をひそめ、いつか再び地上の王者に返り咲くことを、じっと待っているのかもしれない。

4

Monsters of the World

アメリカ神話に伝わる巨鳥
サンダーバード

ポイント

「キイキイ」「ギー」といった鳴き声をあげて飛ぶ。

ポイント

アメリカの先住民族の伝説によれば、サンダーバードは雷を起こす神の鳥だとされている。

▶アルゲンタヴィスの再現標本。サンダーバードの正体か？

1977年、アメリカ中部のイリノイ州ローンデールで、10歳の少年が自宅の庭で遊んでいたところ、突如、巨大な鳥におそわれた。その鳥の翼長はおよそ3メートル。巨大なかぎづめで少年を地上60センチまでも ち上げた。少年が必死でもがいて大声をあげると、鳥は驚いて飛び去っていった。

! 800万年前ごろ、南アメリカに生息していたアルゲンタヴィスという古代の鳥の生きのこりではないかといわれている。

DATA

出没場所：アメリカ

翼長：3～4ｍ

特徴：黒い大きな翼があり、コンドルなどの猛禽類に似た姿をもつ。

性格：木の実や果物を主食にするらしいが人間をおそうこともある。

SIZE

危険度：

レア度：

5 Monsters of the World

コンガマトー

沼地に飛来する謎の怪鳥

ポイント
かぎづめのあるコウモリのような大きな翼。

ポイント
くちばしは小さめだが、びっしりとするどい歯が生えている。

▶ランフォリンクスの化石。キバの生えたくちばしがおそろしい。

アフリカの沼地にすみ、「舟をこわすもの」という意味をもつ怪鳥だ。その姿は、ジュラ紀後期に生息していた翼竜ランフォリンクスによく似ているといわれる。なわばりに何者かが侵入すると、「キーキー」と高い声を出して仲間をよび、群れでおそいかかることがあるという。

！ 1932年にはアメリカのアイヴァン・サンダーソンがアフリカ中部のカメルーン山地にある峡谷で2匹のコンガマトーにおそわれ、銃で撃退したという記録がのこっている。

SIZE

危険度：
レア度：

DATA
出没場所：カメルーン、ケニアなど
翼長：1.5～2.5m
特徴：コウモリに似た翼と、するどい歯が生えたくちばしをもつ。
性格：凶暴でなわばり意識が強く、人をおそうこともある。

6 Monsters of the World

カエル男

夜中にペタペタと歩きまわる

ポイント

車のヘッドライトが当たるとすぐに逃げてしまう。

ポイント

カエルのような水かきがあるが、人間のように直立して歩く。

▶近年撮影されたというカエル男らしき未知生物の写真。

章

いる？いない？未確認モンスター

アメリカ、オハイオ州ラブランドのリトルマイアミ川の近くで、ある青年が車を走らせていると、3匹の奇妙な生き物に出くわした。それはカエルのような顔をして、二足歩行をしていたという。1972年には巡回中の警察官もカエル男に遭遇。どちらも深夜の1時から3時ごろに目撃されている。

！カエル男は、手足に水かきがあったり、背中にボコボコしたヒレがあったといわれる。そのため、一説には日本の河童に似たモンスターではないかともいわれている。

SIZE

危険度：

レア度：

DATA

出没場所：アメリカ オハイオ州

体長：1.2m

特徴：ぬめぬめとした皮ふをもち、カエルにそっくりな顔をしている。

性格：臆病なので、見つかるとすぐに逃げてしまう。

リザードマン

トカゲそっくりの怪物

1988年6月のある夜、突如として現れた体長2メートルのトカゲの顔をした怪物。おそわれた少年は車に乗って逃げ、その事件は大きく報道された。

DATA

出没場所：アメリカ サウスカロライナ州　体長：2m

特徴：赤い目とトカゲに似た顔、体は緑色のうろこでおおわれている。

性格：突然現れて人間をおそうほど凶暴。

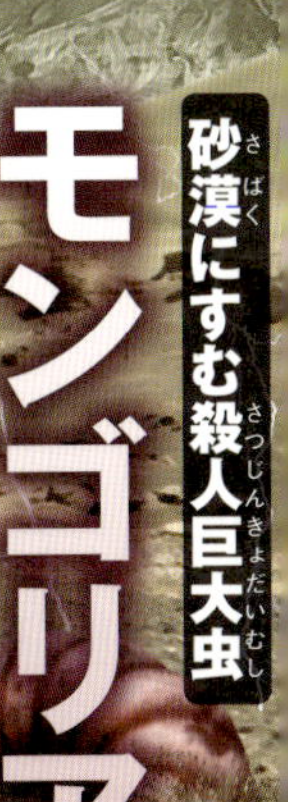

砂漠にすむ殺人巨大虫

モンゴリアン・デスワーム

ポイント
体から放電し、動物を感電させて殺すこともあるという。

ポイント
ふだんは砂の中にひそんで、えものを待ちかまえている。

危険度：
レア度：

DATA
出没場所：モンゴル
全長：0.5～1.5m
特徴：巨大なミミズのような姿をして、表面に黒い斑点がある。
性格：凶暴で攻撃的。

モンゴルのゴビ砂漠に生息するといわれる巨大モンスター。雨期になると地上に現れ、通りがかる人間や動物に毒の霧を吹きかけて死にいたらしめるという。

9 Monsters of the World

チュパカブラ

家畜の生き血を吸う怪獣

ポイント

アーモンド形の目が暗闇でぎょろりと光る。

ポイント

えものの血を吸うときは舌の先をとがらせて、皮ふに突きさす。

章

いる？ いない？ 未確認モンスター

▶2001年、チリのカマラ地区に現れたチュパカブラ。

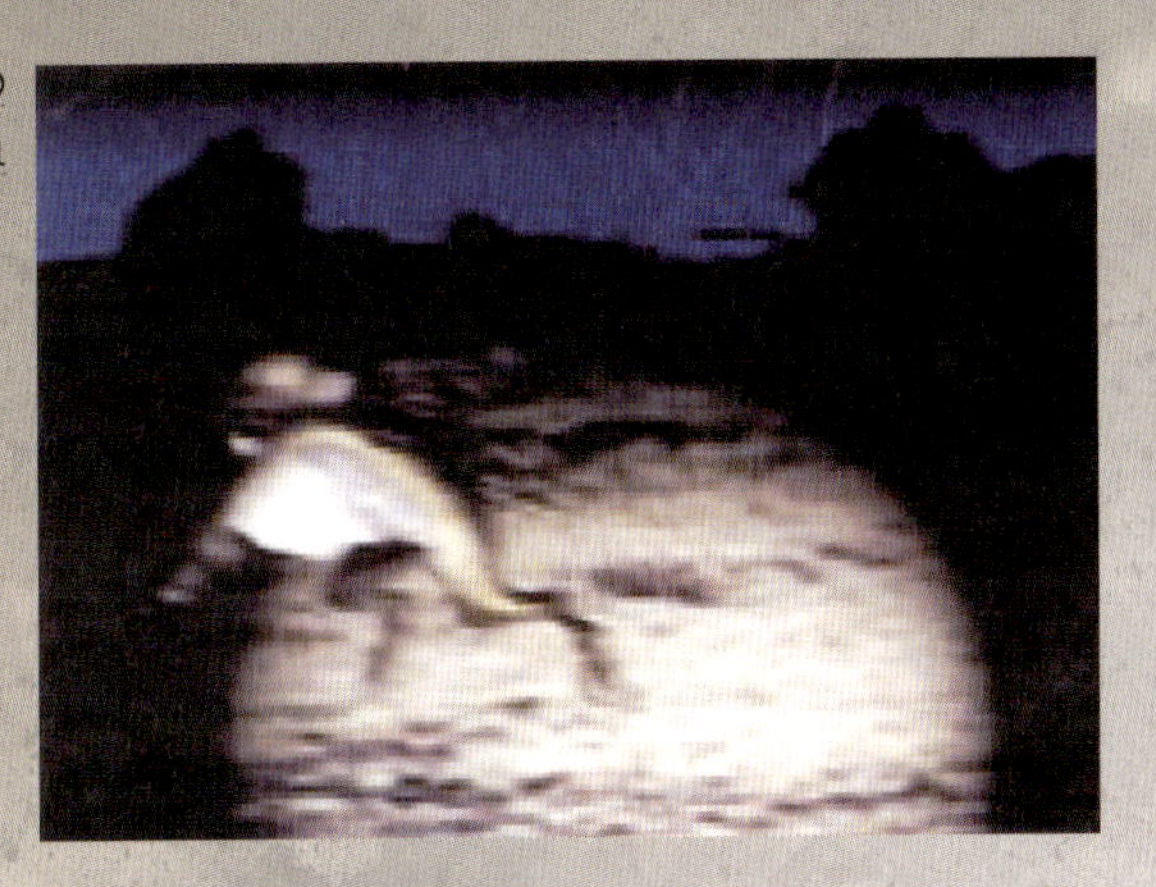

南北アメリカ大陸の広い範囲で現在もよく目撃されている吸血怪獣。ウシ、ニワトリなどの家畜のほか、イヌやネコなどのペット、ときには人間もおそうことがある。2011年には、メキシコの農家で50日間のうちに合計300匹ものヤギがチュパカブラにおそわれ、人びとを恐怖におとしいれた。

！ チュパカブラが現れるときには、その付近でUFOが目撃されていることが非常に多い。そのため、エイリアンが連れてきた地球外生物なのではないかともいわれている。

SIZE

危険度：●●●●○

レア度：●●○○○

DATA

出没場所：南北アメリカ

体長：90cm

特徴：口にするどい2本のキバと、先が細くとがった長い舌をもつ。

性格：きわめて残酷で凶暴。血のにおいを求めて動物におそいかかる。

10
Monsters of the World
人体実験で生まれた怪物？
ゴートマン
ポイント
頭部の角は長さ約50～60cm。
巨大な斧は車のフロントガラスをも打ちくだく。
ポイント

▶ゴートマンが出没するといわれたカリフォルニア州ベンチュラのアリソン渓谷。

1970年、森へハイキングに出かけた若者たちが、何者かに殺された。かろうじて逃げのびた人の証言によると、頭部がヤギで人間のように直立して歩く怪物に斧でおそわれたという。その正体は、人体実験が失敗して生まれたおぞましいミュータント（突然変異生物）ではないかといわれている。

！ ゴートマンの姿は、ヤギの頭をもつキリスト教の悪魔「バフォメット」に似ているといわれる。バフォメットは、魔女たちに崇拝されていた。

SIZE

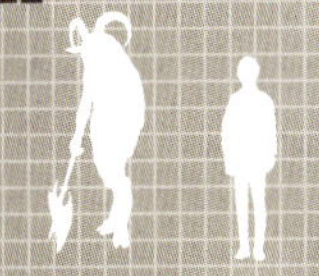

危険度：●●●●●
レア度：●●●●○

DATA
出没場所：アメリカ
体長：2m
特徴：ヤギのような角を頭にもち、灰色の体毛におおわれている。
性格：非常に残忍で冷酷。人間に強いうらみがあるようだ。

ツチノコ

日本を代表するUMA

SIZE

危険度：
レア度：

DATA

出没場所：日本

全長：30～80cm

特徴：ヘビに似ているが胴は太く、平べったい形。背中にもようがある。動きはすばやい。

性格：単独で行動することが多い。

ポイント
えものに向かってジャンプして体当たりをしたり、猛毒をはくこともあるという。
ポイント
頭は小さい三角形で、首の部分がくびれている。

日本各地で目撃されているツチノコ。古くは『古事記』にその存在が記されている。ビール瓶のような形をして、2～3メートルの高さまでジャンプするという。逃げ足が速く、これまでにつかまえた人はいない。

なるほど！モンスター
Column 3

MONSTER OF LEGEND

ツチノコ捕獲に1億円！

日本を代表する未知生物のひとつ、ツチノコ。「ノヅチ」などの名前で、1300年以上前から知られてきた幻の生き物である。

1970年代に全国各地で目撃情報が多発したことをきっかけに、日本中に大ブームを巻き起こしたことがある。ツチノコは、これまでに捕獲されたことはなく、その死体すら発見されていない。そのため、本当に実在するかどうかうたがわしいとされることも多い。しかし、目撃事件はあとをたたず、これまでに全国各地で大規模な捜索隊が何度も結成されてきた。

とくに、ツチノコ遭遇者の多い奈良県や岐阜県、広島県などでは、町おこしをかねて、ツチノコの生け捕りに高額賞金をかけた大捜索が行われるほどだ。新潟県糸魚川市の「つちのこ探検隊」では、なんとツチノコを生きて捕獲することができたら1億円という賞金がかけられた。2005年の結成以来、目撃証言があった能生川上流を中心に探索活動が行われ、多いときで100人以上の参加があるという。参加者は、小学生から60代まで、

▲1973年に西武百貨店が作成したツチノコの手配書。

▲新潟県糸魚川市で行われた「つちのこ探検活動」のようす。2015年に第10回を迎えた。

幅広い年齢の人たちが集まるそうだ。

通常、ビール瓶くらいの大きさといわれるツチノコだが、この地域で目撃されたものは、一升瓶くらいの大きさだったという。ツチノコは、飛び上がったり走ったりもせず、じっとしていたそうなのだが、つかまえるにはいたらなかった。

目撃者は「目をはなしたスキにいなくなった」、「おそろしくて逃げるだけで精いっぱいだった」と語っている。ツチノコはそれほどまでに、見たこともない奇妙な怪物だったということだ。

ツチノコはこれまで人間につかまったことがない未知動物である。語られている生態以外に、どんな危険があるかさえわからない。ひとりでつかまえようとするのではなく、やはり大人数の捜索隊で探すほうが安全なのかもしれない。

頭の毛は体毛よりもかたく、つねに逆立っている。

ポイント

12 Monsters of the World

ヒバゴン

比婆山にすむ日本の獣人

危険度：●○○○○
レア度：●●●●○

DATA

出没場所：日本 広島県
体長：1.5～1.7m
特徴：頭が大きく、全身がこげ茶色から黒色の毛におおわれている。
性格：知能が高く温厚。人をおそうことはない。

広島県東部の比婆山連峰で目撃された獣人。臆病で、人間に出会うと逃げてしまう。山にすみ、人の心をみすかす妖怪「さとり」と姿が似ているという。

ハニースワンプモンスター

沼からはい出るヌルヌル怪人

危険度：●●○○○
レア度：●●●○○

DATA

出没場所：アメリカ ルイジアナ州
体長：1.5～2m
特徴：ヘドロのようなヌルヌルの体毛を身にまとい、強烈な悪臭を放つ。
性格：肉食でイノシシなどをおそって食べるが、大きな物音に弱い。

アメリカ、ルイジアナ州南部のハニーアイランド沼に現れた怪物。スワンプとは英語で「沼」を意味する。悪臭をただよわせているので、遠くからでもよくわかる。

14 Monsters of the World

フライングヒューマノイド

古代遺跡の上空に現れた怪物

1999年3月、メキシコのテオティワカン遺跡上空に現れた。人間のような形をしているが、複数の触手をもつものも目撃されており、多くの謎に包まれている。

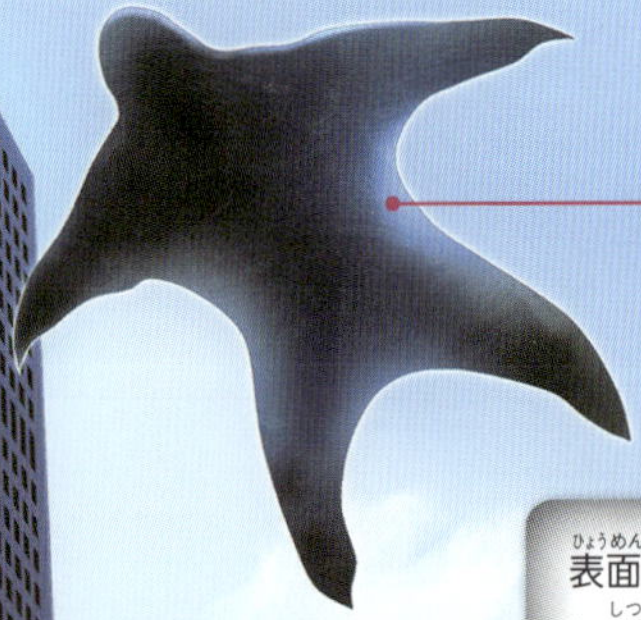

ポイント
表面は金属のような質感。頭部は三角形をしている。

危険度：
レア度：

DATA
出没場所：メキシコ、アメリカなど
体長：1～2m
特徴：頭と手足のようなものがあるヒト型の飛行モンスター。
性格：空中を浮遊しているだけで、その目的や性格などは不明。

Monsters of the World 15

想像上の怪人が現実に？

スレンダーマン

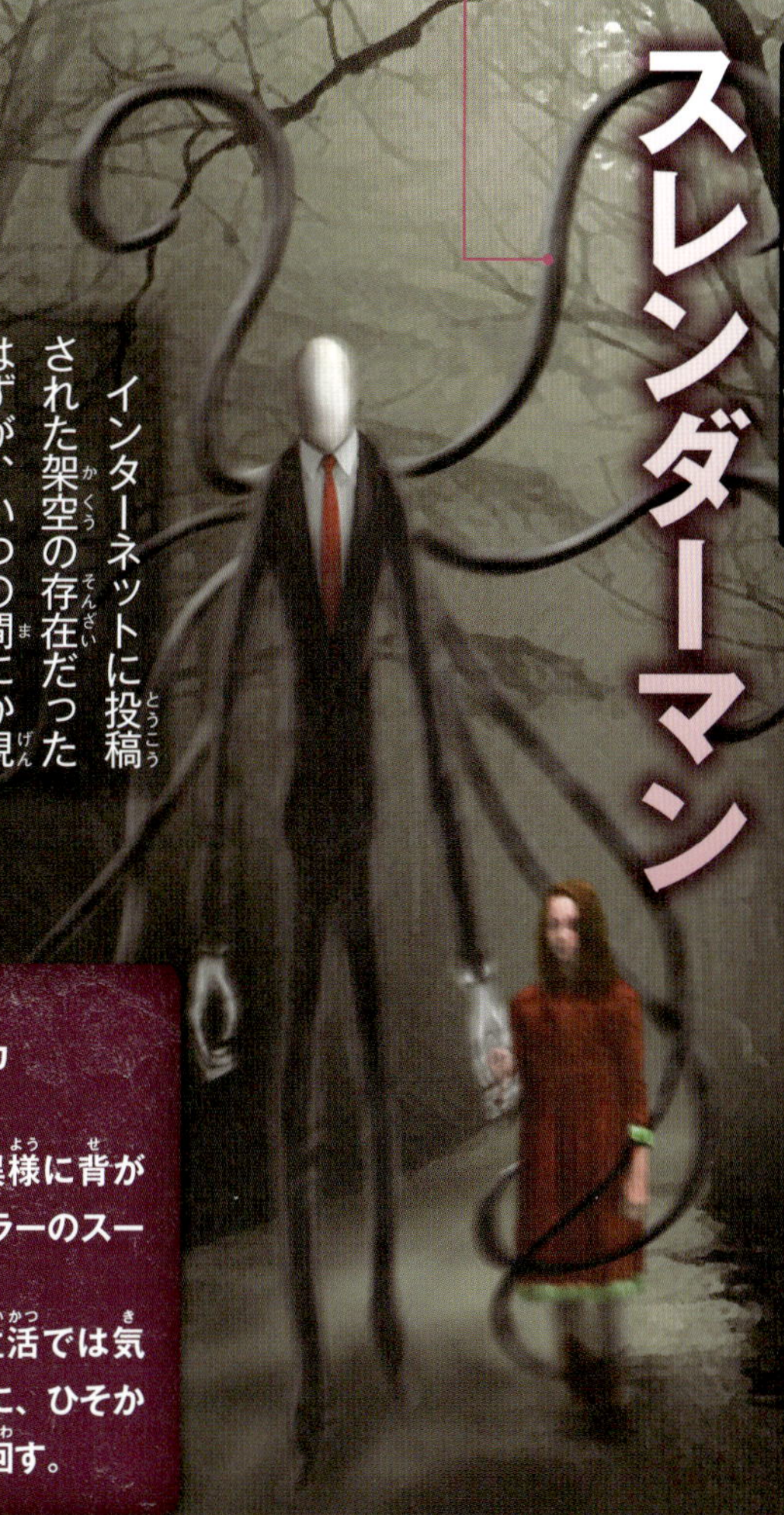
ポイント
無数にのびた触手でじわじわ子どもを追いつめていく。

インターネットに投稿された架空の存在だったはずが、いつの間にか現実の誘拐事件などで多くの目撃証言が語られるようになった。狙われた子どもは逃げられない!?

危険度：●●●●●
レア度：●●○○○

DATA
出没場所：アメリカ
体長：1～3m
特徴：やせ型で異様に背が高く、ダークカラーのスーツを着ている。
性格：ふだんの生活では気づかれないように、ひそかに子どもを追い回す。

16
Monsters of the World

オウルマン

樹上のフクロウ人間

オオミミズクのように耳はとがっている。

ポイント

SIZE

危険度：

レア度：

DATA

出没場所：イギリス コーンウォール州

体長：1.5～1.8m

特徴：人間とフクロウが合体したような姿で空を自在に飛ぶ。

性格：古代言語のような未知の言葉を話し、知性があるという。

イギリス、コーンウォール州のモウマン村の教会で、ある姉妹が半人半鳥のフクロウに似た怪物に遭遇。その後、村の10代の少女たちに相次いで目撃された。少女にしか見えない特別な魔物なのだろうか。

17 Monsters of the World

テレポートする巨大ネコ

エイリアンビッグキャット

危険度：●●●○○
レア度：●●●○○

DATA
出没場所：イギリス
体長：0.6～1.2m
特徴：ピューマや黒ヒョウなど、大型のネコ科動物に似ている。
性格：攻撃的でどう猛。家畜や野生動物、ときには人間をおそう。

2002年にスコットランドに現れたエイリアンビッグキャットは煙のように消えてしまったという。どうやら瞬間移動（テレポート）の能力をもっているらしい。

ジャージーデビル

ポイント
翼を広げると最大3～4mになるといわれる。

危険度：
レア度：

DATA
出没場所：アメリカ ニュージャージー州
体長：1.2～1.8m
特徴：ウマの頭とコウモリの翼をもち、口にはするどいキバが生えている。
性格：凶暴な肉食性。ニワトリなどの家畜をおそう。

むかしこの地で人間の乳児が突如として巨大化し、悪魔のような姿に変身した。1800年代には、この怪物の翼を銃でうちぬいたという記録がのこっている。

19
Monsters of the World
グレイ
未知の地球外生命体か？
ポイント
体に比べて頭がとても大きい。脳が発達し、高度な知能をもっているらしい。

人間に近い姿をしており、UFOとともに現れるといわれる。1961年、アメリカのニューハンプシャー州にすむヒル夫妻がグレイにさらわれ、UFOの中でグレイたちに身体検査をされたと証言している。

ポイント
誘拐した人間の体にチップをうめこんで帰す。さらわれた人は記憶が消えていることが多いという。

DATA
出没場所：アメリカなど
体長：1.2～1.5m
特徴：小柄なヒト型で、灰色の肌とアーモンド形の大きな目をもつ。
性格：ウシなどの家畜の血をぬいたり、人間を誘拐することもある。

SIZE

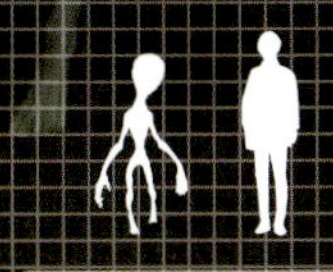

危険度：
レア度：

なるほど！モンスター Column 4

江戸時代にUFOが来た!?

江戸時代後期、常陸国（現在の茨城県）の海岸に、不思議な船が漂着し、あまりの奇妙さから漁師たちが沖へ流し返すという事件があった。これは「うつろ舟事件」とよばれ、日本におけるUFO不時着事件ではないかといわれている。

それは、享和3（1803）年の春のことだった。とある浜の沖に、何やらおかしな形の船のようなものがぷかぷかと浮かんでいるのを近くの漁師たちが見つけ、浜辺へと引き上げた。その形は香を入れる容器のような楕円形をしていて、上部にガラス窓が付いている。底のほうは鉄板でできているようだった。中をのぞいてみると、そこにいたのはひとりの女だった。

女は髪と眉が赤く、顔色はピンクで、このあたりのものではないとひと目でわかるほど異様な姿をしていた。言葉がまったく通じないため、どこから来たのかということもたずねることができない。

船の中にはそのほかに、水が入ったような小瓶と敷物が2枚、菓子や肉を練ったような食べ物があったという。女はなぜか、2尺（約60センチ）四方の箱を大事そうに抱えていた。漁師たちは、村の古老に相談すると、船を沖まで連れて行き、そのまま流してしまったという。

そのとき船に刻まれていた文字の形が英語のアルファベットによく似ていたことから、これはイギリスやアメリカなどから流されて

MONSTER OF LEGEND

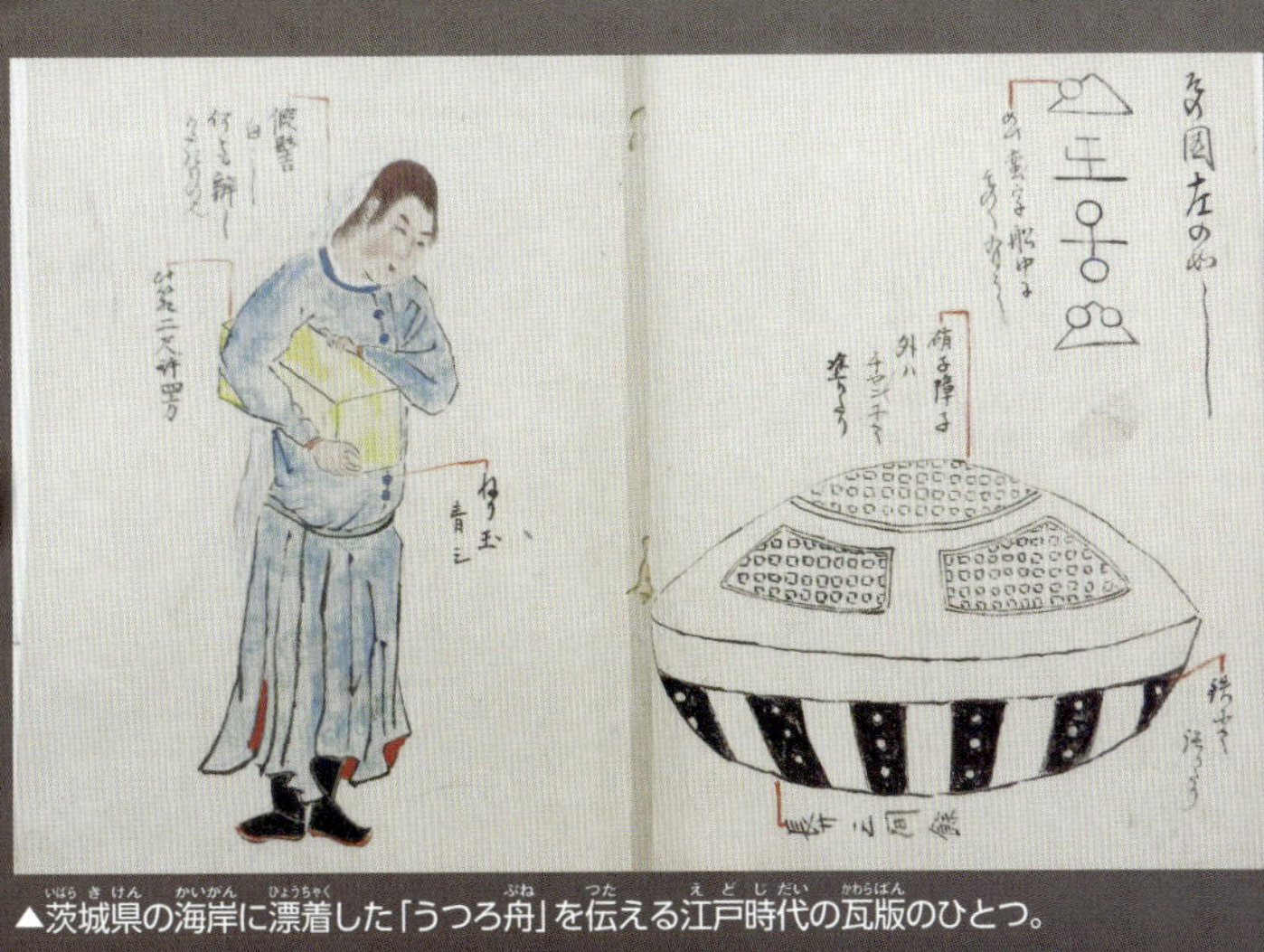

▲茨城県の海岸に漂着した「うつろ舟」を伝える江戸時代の瓦版のひとつ。

きた異国の女性だったのではないかと記録者は推測している。ただし、実際にこの船と同じような形の船は、これまでにどの国でもつくられた形跡はないという。では、この船はどこから来たものだったのだろうか。

ここで記録に残されたこの船のスケッチを見てほしい。海をわたる船というよりは、世界中で目撃されてきた未知の飛行物体にとてもよく似ているといえないだろうか。この船が空を飛んでいたという記録はないものの、何らかのトラブルによって飛行することができなくなったUFOが日本近海に不時着したものだったのかもしれない。すると、中に乗っていた女は、異星人ということにもなる。残念ながら、船は漁師たちの手によって海に流されてしまったため、真相は謎のままなのだ。その後、同じような事件が起きたことは二度とない。

20 Monsters of the World

フラットウッズ・モンスター

奇妙な巨大宇宙人？

ポイント
スカートのように見える部分から有毒ガスを放出する。

SIZE

危険度：●●○○○
レア度：●●●●○

1952年9月、アメリカ、ウエストヴァージニア州のフラットウッズにある農場に、赤く光る物体が飛来。駆けつけた少年が空中に浮かぶこの怪物を発見した。

DATA

出没場所：アメリカ ウエストヴァージニア州
体長：3m
特徴：スペードのエースのような形のかぶりものを頭につけている。
性格：すべて謎に包まれており不明。

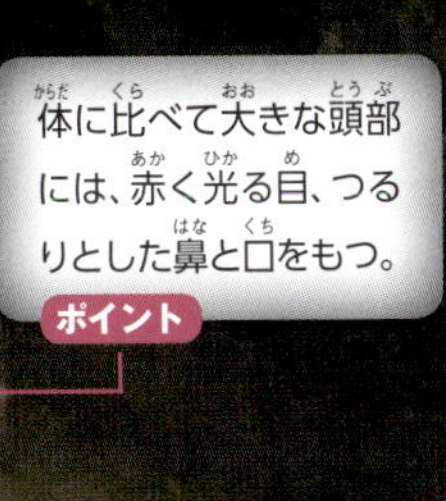

体に比べて大きな頭部には、赤く光る目、つるりとした鼻と口をもつ。
ポイント

闇の中に消えた怪物

ドーバーデーモン

危険度：●●○○○
レア度：●●●●●

DATA
出没場所：アメリカ マサチューセッツ州
体長：1.2m
特徴：人間の子どもぐらいの身長で、頭部が異様に大きく手足が細い。
性格：臆病で、人間に気づくと、すぐに闇の中へ消えてしまう。

ある静かな住宅地に出現した謎の怪物。現れたのは1977年4月21日から23日までの3日間のみ。どの日も真夜中に、複数の人びとが目撃している。

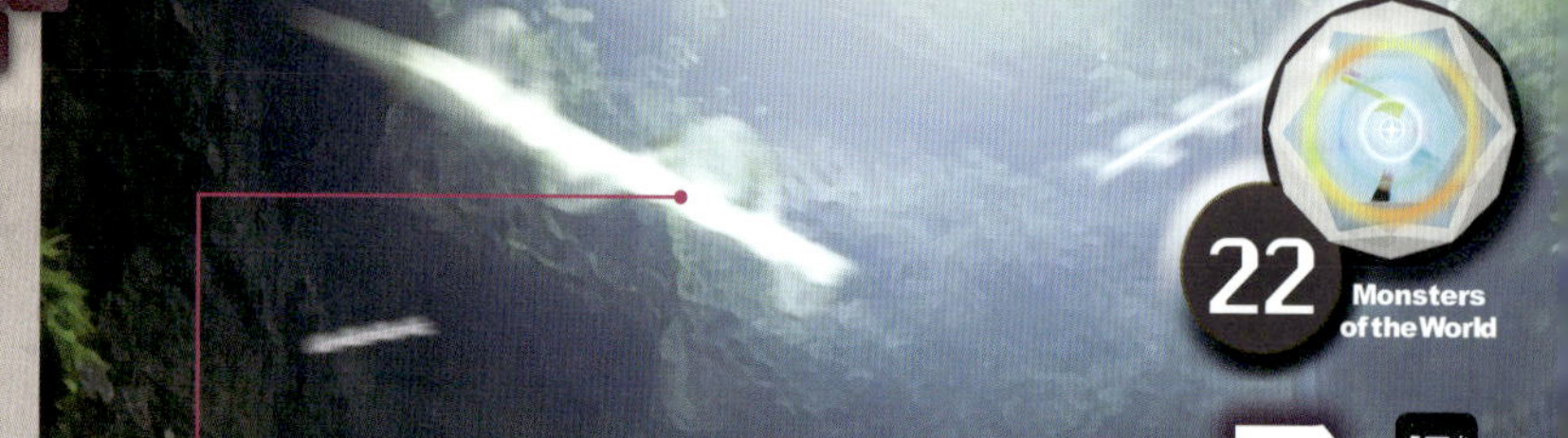

スカイフィッシュ

超高速で飛ぶ生命体

ポイント
カメラに映りこんだ残像がスカイフィッシュに間ちがわれることもある。

危険度：●○○○○
レア度：●○○○○

DATA
出没場所：世界各地
全長：数cm～30m
特徴：半透明や白色、または虹色の体で、両脇にヒレがある。ヒレを泳ぐようにふるわせて移動する。その目的などは不明。

スカイフィッシュは、ビデオカメラで撮影された映像をスロー再生したところ、偶然に発見された。空中を超高速で移動しており、肉眼で確かめることはできない。

ニンゲン

南極の海に出現する謎のUMA

ポイント
人の腕に見える部分の先は、ヒレのようになっているといわれる。

南極や北極の海で目撃されている巨大な白い怪物。シルエットが人間に似ていることから「ニンゲン」とよばれる。極寒の海にすむこと以外、すべてが謎に包まれている。

DATA
出没場所：南極海
全長：10〜20m
特徴：全身真っ白でヒト型をした巨大な怪物。顔はわかっていない。
性格：きわめて温厚で、人間や船舶などに危害を加えることはない。

2章 幻想世界にすむ

伝説のモンスター

ドラゴンや人魚、スライムなど、
ゲームや物語でおなじみのモンスターたち。
さまざまな伝説をいろどる
幻の存在を追う！

24

Monsters of the World

ドラゴン

世界最強のモンスター

ポイント

口からはげしい炎をはく。その火はあらゆるものを焼きつくす。

ポイント

大型のものになると、しっぽをふりまわすだけで城壁をくずすこともできる。

赤い竜がえがかれたウェールズの国旗。ウェールズはイギリスの一国。

神話の時代から伝わる大型の爬虫類型モンスター。ヘビのように長い体をもつものや、足が2本のもの、4本のものなど、その姿にはさまざまなバリエーションがある。攻撃力や魔力がとても強く、ときに人間や神と敵対し、はげしい戦いとなる。大きな翼で空を飛び、毒や炎をはくドラゴンもいる。

MEMO

アーサー王などの古代イギリスの王たちはドラゴンの紋章を旗印にしていたといわれる。現在もイギリスの紋章などによく使われている2足のドラゴンはワイバーンとよばれる。

DATA

出没場所：ヨーロッパ
全長：1～10m
特徴：トカゲやヘビのような体と4本の足をもち、翼のあるものも多い。
性格：強い力をもち、しばしば人間をきらう。邪悪で凶暴なものもいる。

SIZE

危険度：●●●●●
レア度：●●●○○

なるほど!モンスター
Column 5

龍とドラゴンはちがう?

MONSTER LEGEND

西洋のドラゴンと似た伝説の生き物に龍がある。龍を意味する英単語がDragon(=ドラゴン)なので、同じものと見なされることもあるが、両者は似ているようでまったくちがう別のモンスターだ。

龍は、おもに中国の伝説に登場する神獣で、ラクダの頭にシカの角をもち、目はウサギ、体はヘビ、ウロコはコイ、ツメはタカに似ているという。巨大で長い体をうねらせながら、天空を自在にかけめぐり、ひと鳴きするだけで嵐をよぶ。青龍とよばれる龍は、天界の四方を守る神のひとつに数えられており、東の方角を守っている。

ヨーロッパでは、ドラゴンが人間を苦しめる邪悪な存在としてえがかれることが多いのに対して、中国では正反対のあつかいになっている。龍はその強大な力で人びとに恩恵をあたえる神獣としてとらえられ、皇帝のシンボルにもなっていたほどなのだ。

また、龍は水神としての側面ももち、ふだんは深い水の底で眠っているといわれる。春になると水中から天にのぼり、雷をとどろかせながら恵みの雨を降らす。秋にはふたたび水の中へと沈み、眠りにつくという。こうした水をつかさどる神としての龍の伝説は、中国だけでなく、日本やそのほかのアジアの地域にも多く伝わっている。

たとえば、秋田県と青森県にまたがる十和田湖には、仲間をうらぎってイワナを食べたところ、龍に変身してしまい、湖の主とな

▲中国で神獣とされている龍。写真は北京にある「九龍壁」で、魔除けのためにつくられた。

った八郎太郎の伝説がのこされている。このほかにも、全国各地の湖や川などで、龍にまつわる伝説があり、水害や雨ごいのために龍神に祈りをささげる神事もさかんに行われてきた。

龍は基本的に、強大な力をもちながらも人間をむやみに害する存在ではないといわれるが、例外もある。龍の体にあるウロコのうち、あごの下に1枚だけさかさにはえているものがある。これを「逆鱗」といい、龍はこの逆鱗にふれられることをとてもきらっている。もしこれにさわったものがいたら、龍は激怒し、たちまちその人間を殺してしまうといわれた。

ドラゴンも龍も、強さという面では最強レベルといっていいモンスターだ。したがって、なるべく逆鱗にはふれないようにしたいものである。

25
Monsters of the World
死をもたらすヘビの王
バジリスク
にらんだだけで人間を殺すことができるという邪視の力を持っている。
ポイント
体の半分をもち上げて移動する。うろこにおおわれた皮ふから猛毒が分泌される。
ポイント

北アフリカ、リビアの砂漠にすむといわれるヘビの王。猛毒の霧に包まれ、バジリスクが通ったあとには体液で毒の川ができるという。さらに吐息や視線にも邪悪な力が宿るといわれ、にらまれただけで死に至る。ちなみに南米には「バジリスク」という名前のイグアナの仲間が実際に存在している。

！雄鶏が産んだ卵をヒキガエルが温めるとコカトリスという怪物が生まれる。バジリスクとコカトリスは雌雄の関係だといわれるが、どちらがオスでどちらがメスかはわかっていない。

▲ミュンヘンにあるバジリスクの銅像。天使が右下のバジリスクを殺そうとしている。

SIZE

危険度：●●●●○
レア度：●●●○○

DATA
出没場所：リビア
体長：24cm～1m
特徴：8本足のヘビで、頭部にニワトリのトサカをもつ。
性格：人間におそいかかるわけではないが、近寄れば毒におかされる。

26 Monsters of the World

ウロボロス

不老不死を象徴するヘビ

自分の尾を飲みこみ、永遠の命をつかさどっている大蛇。不老不死や再生の象徴と考えられ、どこにいるかはわからないが、この宇宙全体を取りまいているともいわれる。

ポイント

つなぎめのない姿が、無限を表す「∞」のマークのもととなった。

危険度：●○○○○

レア度：●●●●○

DATA

出没場所：不明

体長：不明

特徴：ヘビやドラゴンの姿で、自分の尾を飲みこんでいる。

性格：くわしい性格は不明だが、人をおそうことはないようだ。

Monsters of the World 27

炎をつかさどる精霊

サラマンダー

溶岩や炎の中にすみ、火を自由にあやつることができる。サラマンダーのまゆから作った糸で織った布は、汚れても火の中になげれば、すっかりきれいになるという。

危険度：●●○○○
レア度：●●●●○

DATA
出没場所：炎の中
体長：15～20cm
特徴：小さな竜やトカゲのような姿で、火の中にすんでいる。
性格：炎をつかさどる精霊でもあり、人間をおそうことはない。

ポイント
雨の日にだけ現れる。炎をかき消すほどの冷たい肌をもつ種類もいるという。

なるほど!モンスター
Column6

MONSTER OF LEGEND

「賢者の石」とウロボロス

自分で自分の尾をかみ、輪をかたちづくっているヘビの怪物ウロボロス。その姿は、紀元前1600年ごろのエジプトでは死と再生を表す象徴としてえがかれていたが、中世ヨーロッパでは、錬金術士たちにとって特別な意味を持つようになっていた。

錬金術士とは、さまざまな物質を金に変えたり、人間を不老不死にしたりする究極の物質「賢者の石」を求めた人びとのことである。賢者の石は、「エリクサー」などともよばれている。ウロボロスは彼らだけが知る秘密の文書に多くえがかれ、その中で「賢者の石」をしめす重要なシンボルでもあった。賢者の石をつくることは錬金術士たちの最大の目的だったのだ。

賢者の石の製法には、おおまかにふたつの作業段階があるという。まず、原料となる水銀と硫黄を抽出すること。ここでいう水銀と硫黄は、現実に存在するものとは異なるようだ。これを入手するために、動物、植物、鉱物などさまざまなものを使って抽出実験がくりかえし行われた。

ふたつめの段階は、抽出された純粋な水銀と硫黄を結合させることだ。「哲学者の卵」とよばれる水晶でできたフラスコ

▲尾をかむウロボロス。完全をあらわす象徴とされた。

▲錬金術士たちの工房をえがいた絵。現代の科学に通じるさまざまな発見が生まれた。

にふたつの原料を入れて加熱すると、やがて混ざり合った物質は黒色から白色に変化し、最終的には赤色になる。これはそれぞれ死→再生→完成という道すじを意味しているという。そうして賢者の石ができあがる——。

錬金術では、万物の始まりとなる物質と、すべての物質の完成形である賢者の石は同じものであると考えられている。つまり、始まりと終わりは同じということだ。自分の尾をくわえて輪になったウロボロスは、まさに始まりと終わりを同時に表すものであり、また〝完全なるもの〟でもあったのだ。

賢者の石をつくる工程は、宇宙の真実を解き明かすことに等しいといわれるほど、あまりに壮大な試みである。ウロボロスは、宇宙とは何か、この世界はどのようにしてできているのかを知る象徴的なモンスターなのである。

28 Monsters of the World

世界の終わりに地上に出現

ヨルムンガンド

北欧神話に登場する巨大なヘビで、自分の尾をくわえて海の底に沈み、人間界を守っている。しかし、ラグナロクとよばれる世界の終末の日が訪れるときには、口から尾を放し、その首を地上にもたげる。すると、人間界に大量の海水が流れこんで激しい洪水が起こり、世界の崩壊が始まるといわれている。

！ヨルムンガンドは北欧神話の最高神オーディンの義兄弟であるロキと、女巨人アングルボザの間に生まれた。兄弟にオオカミの姿をした魔物フェンリル、死者の国の女王ヘルがいる。

▲北欧神話に登場する世界樹ユグドラシル。中央の人間界を水面のヨルムンガンドがぐるりと囲んでいる。

SIZE

危険度：●●●●●
レア度：●●●●●

DATA
出没場所：不明
体長：人間界を取りまくほど巨大。
特徴：戦うときに猛毒をあびせることがある。
性格：ふだんは静かに水の底に横たわっているが、暴れ始めると止まらない。

腰から下が魚になっているもののほか、魚の体に顔だけ人間になっているものもいる。
ポイント
29
Monsters of the World
人魚
世界の海に出現する
SIZE
危険度：
レア度：

世界各地の海で目撃されている半人半魚のモンスター。上半身は美しい女性の姿をしていることが多い。その肉は非常に美味で、食べた者は不老不死になるという。

1222年に博多津に現れた人魚は体長が81間（約146m）もあったという。

ポイント

DATA

出没場所：世界各地

体長：1.4～1.6m

特徴：マーメイドともよばれ、人間の上半身と魚の下半身をもつ。

性格：船を難破させたり、海を荒れさせるなど船乗りを困らせる。

なるほど！モンスター
Column 7

MONSTER OF LEGEND

人魚の肉を食べた娘

人魚の伝説は世界中で語りつがれているが、日本では、人魚の肉を食べると不老不死になるという話があり、そのような伝説が各地にのこされている。

むかし、若狭国（現在の福井県）の浜に、奇妙な魚が打ち上がった。かなり大きな魚で、その顔はまるで人間のようだった。漁師たちは「これがうわさに聞く人魚か」と、村の長老のもとへ運ぶことにした。

人魚の肉はとても美味だといわれていたため漁師たちは宴会を開き、人魚の刺身がふるまわれた。しかし、いざその肉を目の前にすると、人間と同じ顔をしていた姿がちらちらと浮かんでしまう。けっきょく、気味悪がってだれもその肉を食べなかった。

その後、人魚の肉はそれぞれが家に持ち帰って捨てることになった。ところが、ある家の娘が、捨てる前の肉の包みを見つけてしまう。包みからは魚の切り身とは思えぬほどの、えもいわれぬよい香りがただよい、娘は父のゆるしも聞かずに、ひょいとその肉をつまんで口に入れた。すると、この世のものとは思えぬおいしさ。いつのまにか切り身をすべてたいらげてしまったという。

娘はその日をさかいに、いっさい年をとらなくなった。最

▲福井県小浜市空印寺にあるほら穴。ここで八百比丘尼は仏になったと伝えられる。

▲『画図百鬼夜行』にえがかれた人魚は不気味な姿だ。

初こそ「何年たっても若くきれいなままでうらやましい」といっていた村の人たちも、しだいに娘がずっと若い姿のままでいることを奇妙に感じはじめた。さらに「あの娘はもしかすると化け物なのではないか」とうわさするようになっていった。

いたたまれなくなった娘は村をはなれ、放浪の旅に出た。結婚して夫をもつこともあったが、必ず夫のほうが先に死んでしまい、娘はずっと若いまま。家族や友人など、大事な人を見送って自分は生き続ける――それはとてもつらいことだった。

娘はその後、尼となって苦しむ人びとを助けるために全国各地をたずね歩いた。それから800年がたったころ、故郷の村にたどり着いた娘は、ついにその長い長い一生を終えて仏となったという。

娘はのちに「八百比丘尼」という名前でよばれ、今も各地にゆかりの場所がのこされている。

30 Monsters of the World

美しい歌声で人をまどわす
セイレーン

美しい歌声と姿で人を海へといざなう。英雄オデュッセウスはその歌声をぜひ聞きたいと思い、船のマストに体をしばりつけてセイレーンのいる岩場を通ったという。

危険度：●●●○○
レア度：●●●○○

DATA
出没場所：ギリシア
体長：1.6m
特徴：半人半魚、または半人半鳥の姿で、上半身は美しい女性。
性格：魔力のある歌声で人間を魅了し、海に飛びこませて殺してしまう。

ポイント
尾びれがふたつに分かれているタイプもいる。

海に沈んだ文明の生きのこりか

半魚人

人間と魚の特徴をあわせもち、水棲人ともよばれる。古代バビロニアの神話によれば、オアンネスという名前の半魚人が海からやってきて、人びとに文明を与えたという。

ポイント
水中での生活に適応した人間と魚の混合体。

危険度：
レア度：

DATA
出没場所：世界各地
体長：1.8〜2m
特徴：全身うろこでおおわれている。
性格：地上の人間に害をなすことはあまりない。

32 Monsters of the World

大地を支える巨大怪獣

バハムート

ポイント

三日三晩かかっても同じ場所を通りすぎることがないほどの巨体。

大地を支える役割をもち、その鼻の穴に海を置いても、砂漠の中のけし粒程度にしかならないというほど巨大な水棲怪獣。『旧約聖書』に登場する怪獣ベヒモスと同じものといわれている。世界の終末が訪れたときには、レヴィアタン（84ページ）と死ぬまで戦わせられ、のこった肉は人びとの食糧になるという。

! 悪魔としてのバハムート（ベヒモス）は、「暴飲暴食」をつかさどるといわれている。あまりに巨大な体を維持するためには、暴食ともいえる膨大な量の食べ物が必要なのだ。

▲ゾウの姿でえがかれた悪魔ベヒモス。

SIZE

危険度：●●●○○
レア度：●●●●○

DATA
出没場所：中東
体長：世界を支えるほど
特徴：巨大な海獣。魚に似た姿をしているともいわれる。体が光る。
性格：悪魔とみなされることもあるが、人間に危害を与えることはない。

33 Monsters of the World

レヴィアタン

海にすむ最強の悪魔

ポイント

まるでよろいのようにかたく丈夫なうろこ。身をよじるだけで船を破壊する。

危険度：●●●●●

レア度：●●●●○

体はどんな武器も通用しないかたいうろこでおおわれ、するどい歯が生えた口から炎をはく。最強の海の怪物といわれ、海を泳ぐだけで水面が逆巻くように割れたという。

DATA

出没場所：不明

全長：不明

特徴：ドラゴンやヘビ、ワニなどに似ていて、かたいうろこがある。

性格：非常に攻撃的でどう猛。つねにえものをさがしている。

シーサーペント

古代から今も生きている？

紀元前4世紀ごろ、ギリシアの哲学者アリストテレスが、海に現れる巨大なウミヘビについての記録をのこしている。大航海時代には世界各地の海で目撃された。

DATA

出没場所：世界各地

全長：20～60m

特徴：巨大なウミヘビのような怪物。日本では「イクチ」とよばれる。

性格：積極的に人間をおそうことはないようだ。

35
Monsters of the World
ミノタウロス
迷宮にすむ怪物
ポイント
ただの人間ではたちうちできないほどの怪力の持ち主。武器として斧を使う。
ポイント
ミノタウロスとよばれる前は、アステリオスという人間の名前があった。

一度入ったら二度と出られない迷宮ラビュリントスの奥深くに封印されていた凶暴な怪物。クレタ島をおさめていたミノス王が海神ポセイドンから借りたウシを返さなかったことがきっかけで、強力な呪いをかけられて生まれた。ミノタウロスは両親にきらわれ、迷宮に幽閉されたあわれな王子だったのだ。

ラビュリントスは、クレタ島に実際にあったクノッソス宮殿がモデルといわれている。宮殿はまさに迷宮のような複雑なつくりになっていた。ミノタウロスも本当にいたのだろうか？

危険度：●●●●●
レア度：●●○○○

▲ラビュリントスのモデルになったクノッソス宮殿の遺跡。

DATA

出没場所：ギリシア クレタ島

体長：2～3m

特徴：牛頭人身のモンスター。ギリシアの英雄テセウスに倒された。

性格：非常にどう猛で残忍。幼い少年や少女を次々と食い殺していた。

なるほど！モンスター
Column 8

MONSTER OF LEGEND

怪物を倒した英雄たち①

ギリシア神話には数多くのモンスターが登場するが、それらは強い信念と力をもった英雄たちに退治される運命にある。

ギリシア神話の英雄として、最も有名なのがヘラクレスである。全知全能の神ゼウスと人間のあいだに生まれ、赤ん坊のころからヘビを素手でしめ殺すほどの怪力の持ち主だったという。ヘラクレスは、ミュケナイ王のエウリュステウスに命じられ、さまざまなモンスターと戦った。9つの頭と猛毒をもつ大蛇ヒュドラや、地獄の番犬ケルベロス（91ページ）など、どれもヘラクレスでなければ倒せない超強力モンスターたちだ。

同じく、ゼウスの血をひく英雄のひとりにペルセウスがいる。ペルセウスはセリフォス島の王ポリュデクテスの陰謀により、怪物ゴルゴーン（90ページ）退治に向かうことになる。神々の協力により、ゴルゴーンのひとりであるメドゥーサを倒してその首を取ると、帰り道で巨人アトラスや海の怪物に遭遇。ペルセウスは、メドゥーサの首の石化能力を使い、それらモンスターとの戦いをきりぬけ、セリフォス島に戻った。

島では、ポリュデクテスがペルセウスの母ダナエーを無理やり自分の妻にしよ

▲ギリシア神話のヘラクレス。怪物たちに素手で戦いをいどむことも。

▲ミノタウロスを倒したテセウスの彫像。横に妻のアリアドネがいる。

▲ペルセウスがえがかれたフレスコ画。メドゥーサの首をもっている。

うとしていた。そこでペルセウスは、またもメドゥーサの首をかかげると、ポリュデクテスは石となり、ダナエーを救出することができたという。

人間から生まれた牛頭人身のモンスター、ミノタウロス（86ページ）を倒した英雄は、テセウスである。テセウスは、ミノタウロスにささげられるいけにえの少年少女たちにまぎれて迷宮にしのびこみ、隠し持っていた短剣で怪物にとどめをさした。このときテセウスは迷宮に糸玉をもちこんでいた。一度入ったら出ることができない迷宮なのだが、迷宮の入り口に糸のはしを結んでおいたので、その糸をたよりに迷わずに帰ることができたのだ。

英雄たちは、生まれつきの能力のほかにも、怪物にひるまぬ大きな勇気をもっていた。そうした心の強さこそが、英雄になるための条件なのかもしれない。

首だけになっても、
見るものを石化させる邪眼。
ポイント

36 Monsters of the World

ゴルゴーン

その目を見ると石になる

危険度：●●●●○
レア度：●●○○○

DATA

出没場所：ギリシア

体長：1.6m

特徴：頭に無数の生きたヘビがまるで髪の毛のように生えている。

性格：野蛮で意地汚い。自分の美貌を自慢しすぎて神の怒りを買った。

その目を見た者はたちまち石になってしまうと伝えられる怪物。ギリシアの英雄ペルセウスは、青銅の盾にゴルゴーンの影をうつしながらその首を切り落としたという。

凶暴な地獄の門番

ケルベロス

危険度：●●●●○
レア度：●●●○○

DATA
出没場所：地獄
体長：2～3m
特徴：3つの頭とヘビのたてがみ、竜の尾をもつという地獄の番犬。
性格：どう猛だが地獄の門を忠実に守るという犬らしいまじめさをもつ。

ポイント
だ液は猛毒。よだれをたらしたところからトリカブトが生えたという。

地獄の底にあるタルタロスの門を守る番犬。生者が入りこんだり、死者が逃げ出さないように見張っている。めったに眠らず、脱走者を見つけると魂ごと引きさくという。

38

Monsters of the World

ユニコーン

浄化の力をもつ一角獣

ポイント

角の長さはおよそ40～50cm。どんな毒でもたちまち浄化する力をもつ。

ポイント

ひづめはウマと違い、ふたつに割れている。

ひたいからまっすぐに伸びた長い角が特徴的なユニコーンは、その見た目からは想像できないほどのどう猛な性格の持ち主だ。人間の手で倒せない相手ではないが、生けどりにすることはむずかしいだろう。というのも、とらえられたユニコーンは、怒って暴れ回り、自分で自分を傷つけて死んでしまうからだ。

！乱暴な性格のユニコーンだが、純粋な心の乙女がそばに行くとおとなしくなり、そのひざに頭をもたれて眠るという。しかし乙女といつわる不純な女性だった場合は食い殺してしまう。

▲2010年、カナダで偶然撮影された映像の一部。ユニコーンのような動物が走り去っている。

SIZE

危険度：●●●○○
レア度：●●●●○

DATA
出没場所：インドなど
体長：1.8～2m
特徴：ウマの姿で、ひたいに長くとがった角をもつ。
性格：乱暴で、純粋な心をもつ乙女にだけなつく。

39 Monsters of the World

地獄にすむ邪悪な鳥

ハルピュイア

地獄の王ハデスの手下で、自殺をした死者が変化した木をついばむという怪鳥。悪臭を放ち、爪でひっかかれるとそこから皮ふが腐ったり、病気をうつされるという。

ポイント
うかつに近寄ると糞をかけられることもあるらしいので気をつけよう！

危険度：●●○○○
レア度：●●●○○

DATA
出没場所：地獄
体長：1.8～2m
特徴：顔から胸が人間の女性で、下半身と翼が鳥の姿をした怪鳥。
性格：貪欲で下品。食べ物を見つけると飛んできて食い散らかす。

石でできているため非常にかたく、物理攻撃や魔法がききにくいといわれる。
ポイント

みおろす悪魔の石像

ガーゴイル

危険度：●●●○○
レア度：●●○○○

DATA
出没場所：ヨーロッパ
体長：30～60cm
特徴：雨どいの先につけられた悪魔の彫像に魂が吹きこまれた怪物。
性格：憑依されて動くため、意志があるかどうかはわからない。

ヨーロッパの教会や聖堂などで、雨どいの先につけられている彫像が、何らかの理由で命をもったもの。建物の高い場所から周囲を見張り、侵入者を攻撃する。

上半身が女性で、ワシの翼をもつ姿も伝えられている。
ポイント
41
Monsters of the World
半人半獣の神獣
スフィンクス

▶エジプト、ギザの三大ピラミッドの近くにある巨大なスフィンクス像。

古代ギリシアの神話によると、スフィンクスはテーバイ近くの山に現れ、旅人に謎かけをしては、答えられなかった人間を食い殺していたという。その謎かけとは「朝は4本足、昼は2本足、夜は3本足の生き物とは何だ？」というもの。のちのテーバイ王であるオイディプスだけが正解できたという。

！スフィンクスが旅人に出したクイズの答えは「人間」。赤ちゃんのときはハイハイをするので4本足、成長して2本足になり、年をとるとつえをついて足が3本になるからである。

SIZE

危険度：●●●●●
レア度：●●●●●

DATA
出没場所：ギリシア
体長：2～3m
特徴：ライオンの体に人間の頭をもつ。エジプトでは王の守護神とされた。
性格：高い知性をもち、謎かけを好む。プライドがとても高い。

なるほど！モンスター
Column 9

大スフィンクス像の謎

　ギザにある三大ピラミッドは、エジプト文明を代表する遺跡である。そのすぐそばに、スフィンクスをかたどった巨大な石像がある。人間の頭にライオンの胴体をもつ大スフィンクス像は、全長73・5メートル、高さ20メートル、幅６メートル。この地をおおっていた石灰岩をけずってつくられたもので、ひとつの石からできた石像としては世界最大とされている。

　大スフィンクス像は、ピラミッドとともに謎の多い建造物として知られている。３つ並ぶピラミッドのうち、中央に位置するカフラー王のピラミッドへ続く参道の横に置かれていることから、王のピラミッドを守る守護神なのではないかといわれているが、その説をくつがえすようなさまざまな謎がある。

　ひとつが建造年代の謎である。大スフィンクス像はおよそ４５００年前、カフラー王が在位していたエジプト第４王朝の時代に、カフラー王のピラミッドとともにつくられたといわれている。しかし、じつはもっとずっと古い時代につくられたとする説もある。

　アメリカの地質学者であるロバート・ショック博士が発表した内容は、「大スフィンクス像は７０００年以上も前、つまりエジプト文明が始まるよりも前につくられた」というものだった。

　その根拠となるのは、大スフィンクス像の周囲の岩にのこされた浸食のあとだ。紀元前５０００年ごろのエジプトは大規模な雨季が

▲大スフィンクス像。周囲の岩には、水でけずり取られたような浸食のあとが見える。

あったといわれる。つまり、その周囲の岩が雨や洪水などの水の影響を受けているということは、大スフィンクス像がつくられたのは紀元前5000年よりも古いということになってしまう。

また、スフィンクスは財宝の隠し場所であるという説もある。スフィンクスの下に秘密の部屋があり、そこに金銀財宝がねむっているというのだ。古代のいくつかの歴史書には「スフィンクスの腹の下には、大ピラミッドに通じる地下通路がほられている」との記述がある。そして近年、スフィンクスの地下調査を行ったところ、実際に謎の空間があることがわかった。

スフィンクスは、いったいいつ、なんのためにつくられたのだろうか？　その謎がすべて解き明かされるまでには、まだ時間がかかりそうだ。

ブエル

知恵をさずける奇妙な悪魔

DATA

出没場所：地獄

体長：不明

特徴：ライオンの頭のまわりにヤギの足が生えたとても奇怪な姿をしている。

性格：とてもかしこく、哲学や薬学などに通じていたといわれる。

地獄で50の悪魔の軍団を率いるという大総裁。頭のまわりに足がある奇怪な姿をしているが、弱った人のもとに現れ、さまざまな知恵を与えてくれることもあるという。

本体は黄色だが、翼は赤いことがある
ポイント

帝鴻

袋の姿をした神獣

危険度：1
レア度：5

DATA

出没場所：中国

体長：不明

特徴：黄色い袋のような体に6本の足、4つの翼をもっている。

性格：不明だが人間を害することはないようだ。

古代中国の天山という場所にいるとされた神獣。ふくらんだ黄色い袋に足と翼が生えたような不思議な姿をしていて、目も鼻も口もない。歌や舞をよく知るという。

麒麟

吉兆を運ぶ幻獣

背中は５つの色が複雑に混じりあい輝いている。

ポイント

SIZE

危険度：
レア度：

DATA

出没場所：中国

体長：5m

特徴：シカの体にウシの尾とウマのひづめをもち、顔は龍に似ている。

性格：威厳があり、穏やかで優しい心をもつ。1000年に１度現れる。

中国で徳の高い王のもとに現れ、吉兆を示すといわれる幻の神獣。殺生をとてもきらい、地上に降り立つと、どんな小さな虫や草もふまないように歩くという。天界の四方、東西南北の中央をつかさどる。

なるほど！モンスター Column 10

幸運をよぶモンスター

世界の怪物の中には、人に害をあたえるものばかりではなく、よい知らせや幸せを運ぶものもいるという。

中国では、よいことが起こる前や徳の高い王が生まれるときに麒麟や鳳凰、龍（66ページ）、霊亀などの「瑞獣」（幸せを運ぶモンスター）が現れるといわれる。

一方、古代の世界には、人間に役立つ知恵をさずけてくれる神のような存在の怪物もいたという。中央・南アメリカのマヤやアステカの神話で語られる羽毛をもったヘビ「ケツァルコアトル」は、人びとに文明をあたえ、火の使い方を教えたといわれている。

中東の古代バビロニアには、海の底からやってきて、あらゆる知恵を人類に教えたという半魚人「オアンネス」の伝説がある。オアンネスから与えられた知恵によって、シュメール文明が生まれたといわれている。

日本の妖怪の中にも、幸運をよぶものがいくつかいる。岩手県などで語られる座敷わらしは、子どもの姿をした精霊のような存在だ。座敷わらしがすみついた家は裕福になり栄えるといわれる。ただし、家のものがなま

▲金霊。蔵の中に小判が飛びこむようすがえがかれている。

MONSTER OF LEGEND

▲マヤやアステカの文明にえがかれたケツァルコアトル。残酷だが知識もあたえる。

けてはたらかなくなると出ていってしまい、その家は不幸になるという。

お金そのものの姿をした妖怪もいる。金霊という妖怪は、お金の〝気〟が化けたもので、正直者がいる家に飛びこんできて、その家を栄えさせるといわれる。

また、秋田県に現れるという三吉鬼は、酒代がわりに人助けをしてくれる妖怪だ。ふだんは山にすんでいて、酒屋にふらりと現れ、大酒を飲んで代金をはらわずに出ていってしまう。しかし、夜になると酒代の10倍ものたきぎを店先に積んでおいてくれるという。

幸運を運んでくれるモンスターたちに共通しているのは、人間が悪い心をもったとたんにあいそをつかしてしまうということだ。もし出会ったら、なるべく長く仲良くしたいものである。

1体の攻撃力はそれほど高くないが、集団になると手ごわい。
ポイント

45 Monsters of the World

ゾンビ

呪われたあやつり死体

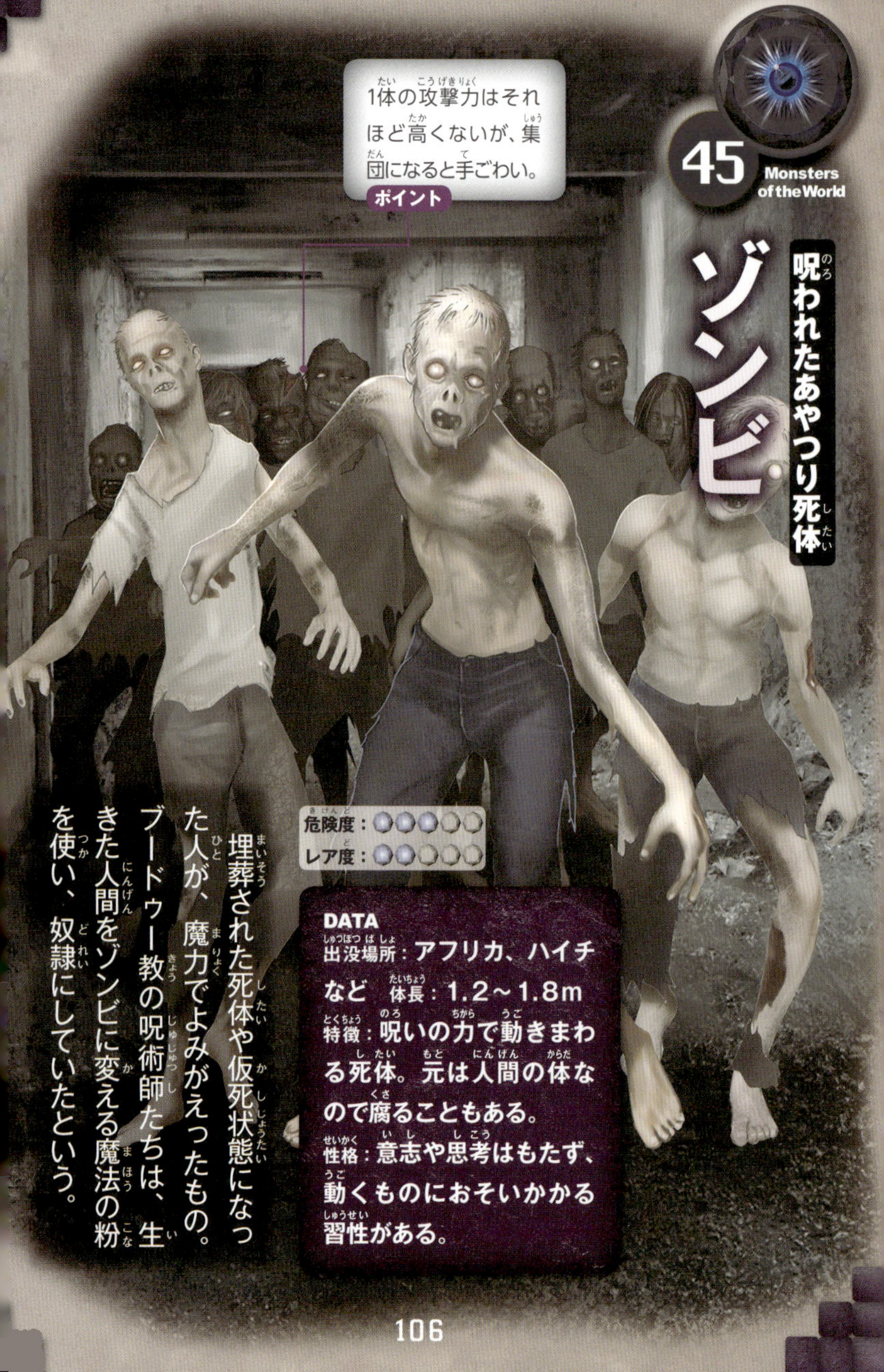

危険度：●●●○○
レア度：●●○○○

埋葬された死体や仮死状態になった人が、魔力でよみがえったもの。ブードゥー教の呪術師たちは、生きた人間をゾンビに変える魔法の粉を使い、奴隷にしていたという。

DATA
出没場所：アフリカ、ハイチなど　体長：1.2～1.8m
特徴：呪いの力で動きまわる死体。元は人間の体なので腐ることもある。
性格：意志や思考はもたず、動くものにおそいかかる習性がある。

グール

死体をむさぼり食う悪魔

ポイント
ハイエナに変身して死体を食べることもある。

危険度：●●●○○
レア度：●●●○○

アラビア地方では、墓場に眠る死体にジンとよばれる妖魔がとりつくと、グールになるといわれた。変身能力があり、生きた人間の中にまざっていることもあるという。

DATA

出没場所：中東
体長：1.2～1.8m
特徴：死体に妖魔がのりうつったもの。砂漠にすみ体色を自由に変える。
性格：貪欲で、人間の死体や生きた子どもを食べる。

47 Monsters of the World

スライム

謎のねばねばモンスター

非常に粘り気が強く、ゆっくりと動く。体に毒をもつものが多いといわれる。

ポイント

危険度：●●○○○
レア度：●●●●○

DATA
出没場所：不明
体長：不明
特徴：どろどろとねばるゼリー状のモンスター。さまざまな色がある。
性格：不明

アメーバなどに似た性質をもつモンスター。洞窟や暗い場所にひそみ、えものを待ちかまえている。切りはなされても元に戻るため、剣や打撃などの物理攻撃はきかない。

トロール

北欧にすむ怪力の巨人

ポイント
耳と鼻が大きく、みにくい顔をしており、人間にきらわれた。

危険度：●●●○○
レア度：●●●○○

北欧神話に登場する巨人で、人が寝静まったころに山をこえてやってきては、村々を徘徊するという。いたずらをする小人や、人間をおそうひとつ目巨人の種族もいる。

DATA
出没場所：北ヨーロッパ
体長：0.5〜5m
特徴：おそるべき怪力をもつ巨人モンスター。白夜の夜に現れる。
性格：邪悪でどう猛、好戦的。種族によってはおとなしいものも。

49 Monsters of the World

ゴーレム

命をもつ巨大な泥人形

ポイント

泥でできているため意外ともろく、強い衝撃を与えるとくずれる。

ポイント

力が強く、何らかの理由で制御不能になった場合は、おそろしく凶暴になる。

ゴーレムは、ユダヤ教のラビ（僧侶）に伝わる秘法により生み出されたいわば人造モンスターだ。その作り方は、まず大きな泥人形を作り、呪文をとなえたのち、人形の口の中に神の名を記した呪符をくわえさせる。すると土のかたまりに命が宿り、持ち主の命令を何でも聞くゴーレムになるという。

！チェコ・プラハにある旧新シナゴーグとよばれるユダヤ教会の屋根裏には、16世紀に実在したラビ・レーフが作ったゴーレムの土が、今もひそかに保管されているという。

SIZE

危険度：●●●○○
レア度：●●●○○

DATA
出没場所：チェコ
体長：2〜3m
特徴：泥でできた人形に魔術によって命が吹きこまれたモンスター。
性格：みずからを作り出した者の命令を忠実に聞き、しもべとして動く。

▲旧新シナゴーグ。ここにゴーレムの土が保管されている!?

50 Monsters of the World

サイクロプス

鍛冶をするひとつ目巨人

ポイント
手先が器用で、魔力のある武器や防具をつくるのが得意。

危険度：●●○○○
レア度：●●●○○

DATA
出没場所：地獄
体長：5～10mくらい？
特徴：大きなひとつ目が特徴。怪力だが頭はあまりよくないといわれる。
性格：基本的に温厚。鍛冶が得意で、ゼウスたちに武器をつくっておくった。

天の神ウラノスと大地の女神ガイアのあいだに生まれたひとつ目の巨人。父ウラノスに見た目のみにくさのせいできらわれ、地獄の底にあるタルタロスに封印されていた。

50の頭と100の腕をもつ

ヘカトンケイル

危険度：

レア度：

DATA

出没場所：地獄

体長：5～10mくらい？

特徴：50の頭と100本の腕をもつ。ギリシア神話随一の怪力。

性格：自分を助けてくれた者への感謝を忘れない、きまじめな性格。

サイクロプスと同じく、タルタロスに幽閉されていたが、ゼウスに助けられ、ティタン族との戦いに参戦する。100本の腕で巨岩を投げ飛ばす投石攻撃はかなり強力だ。

52 Monsters of the World

人間の生き血をすする 吸血鬼

一度死んだ人間が人の生き血を吸うモンスターとしてよみがえったもので、別名「ヴァンパイア」ともよばれる。吸血鬼に血を吸われた人間は、一度仮死状態になったあと、みずからも吸血鬼になるといわれている。

SIZE

危険度：

レア度：

DATA

出没場所：ルーマニア

体長：1.8～2m

特徴：人間の姿をして、人の生き血を吸う不死身のモンスター。

性格：個体によってさまざまだが、基本的には冷酷で残忍。

ポイント
顔色は悪く、やせていて、血を吸ったときだけほんのり肌に赤みがさす。
ポイント
コウモリに変身したり、霧にまぎれて人家にしのびこむという。
!
吸血鬼を撃退するには、彼らが棺の中で眠っている昼間が狙い目。心臓に焼けた鉄のくいを打ちこむ、日光にさらす、または火をつけて焼いてしまうのが確実だといわれる。

なるほど！モンスター
Column 11

MONSTER OF LEGEND

吸血鬼ドラキュラの正体

現在までに伝わる一般的な「吸血鬼ヴァンパイア」のイメージのほとんどは、19世紀に出版された小説がもとになっている。それが、アイルランド人作家ブラム・ストーカーの『吸血鬼ドラキュラ』である。

『吸血鬼ドラキュラ』のあらすじはこうだ。ロンドンに移住したいというドラキュラ伯爵の依頼をうけて、彼の居城をおとずれたジョナサン・ハーカー。ハーカーは城に滞在するうち、伯爵の異様さに気づき、多くの恐怖体験をする。一方、ロンドンでは不気味な事件が次々と起こり始めていた。ハーカーの妻の友人だったルーシーは、原因不明の病にかかり、日に日に衰弱していたのだ。医者はルーシーを救うため、恩師のヴァン・ヘルシング教授に助けを求める。しかしルーシーは不幸にも命を落としてしまう。やがて、ルーシーの死やロンドンで起きる怪事件が吸血鬼ドラキュラのしわざであることをつき止めたヘルシング教授たちは、ドラキュラ伯爵を退治するため彼のすみかへと向かった。はたして、彼らの運命やいかに──。

この物語に登場するドラキュラは架空の怪物なのだが、じつは、ドラキュラ伯爵にはモ

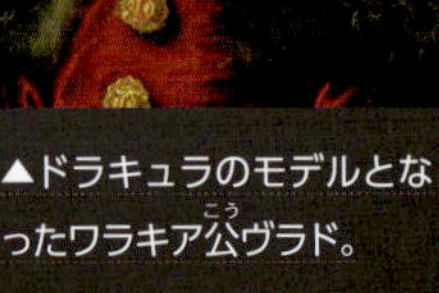

▲ドラキュラのモデルとなったワラキア公ヴラド。

デルとなった人物がいる。15世紀の中ごろ、現在のルーマニア南部をおさめていたワラキア公ヴラドである。

　当時のヴラドは、〝悪魔の子〟を意味する「ドラキュラ」という名前でもよばれていた。では、なぜヴラド公が悪魔の子とよばれていたのか？ それは、ヴラド・ツェペシュというもうひとつのあだ名を持っていたからだ。ツェペシュとは〝串刺し〟という意味がある。この時代、串刺しはある特定の罪人にだけ行われた残虐な処刑法だった。ところがヴラド公は、その処刑法を反逆する貴族にまで適用し、みずからの地位を確実なものにしていったという。こうした行いから、人びとはヴラドのことを「ツェペシュ」、あるいはもっと悪意をこめて「ドラキュラ」とよんだのだ。

　この歴史上、まれに見る非道な行いが、人の生き血をすすって生きる吸血鬼のイメージと重なり、のちに『吸血鬼ドラキュラ』のモデルとされたのだろう。

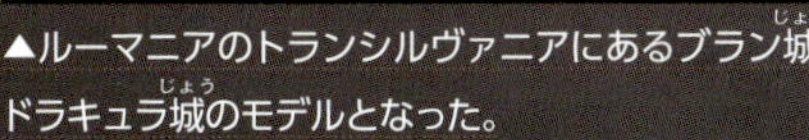
▲ルーマニアのトランシルヴァニアにあるブラン城。ドラキュラ城のモデルとなった。

53 Monsters of the World

狼男

満月の夜に変身する

ポイント

かたい毛皮でおおわれ、銀の十字架をとかして作った特殊な銃弾以外は通用しない。

危険度：●●●●○
レア度：●●●○○

DATA

出没場所：東ヨーロッパ
体長：1.8～2m
特徴：半人半狼の怪人。顔や体をおおう毛はオオカミそのもの。
性格：人間だったことは忘れ、野獣の本能をむき出しにする。

ある満月の夜、それまで普通の人間だった男が突如として狼男に変身した。家畜におそいかかってはその肉を食らっていたが、月が隠れると元の姿にもどったという。

54
Monsters of the World

2 章
幻想世界に住む 伝説のモンスター

刑天

中国の伝説に登場する首のない奇妙な姿の巨人。天帝に首を切り落とされたうらみから胴体に顔ができたといわれる。山中で斧と盾を振り回して暴れまわっている。

危険度：●●●●○
レア度：●●●●○

DATA
出没場所：中国
体長：不明
特徴：首がなく、胸にふたつの目、へその部分に大きな口がある。
性格：近寄る者はだれでも攻撃する戦闘タイプのモンスター。

ポイント
もともとついていた頭は常羊山という山の中に埋葬されている。

3章 日本のモンスター

妖怪見つけ！

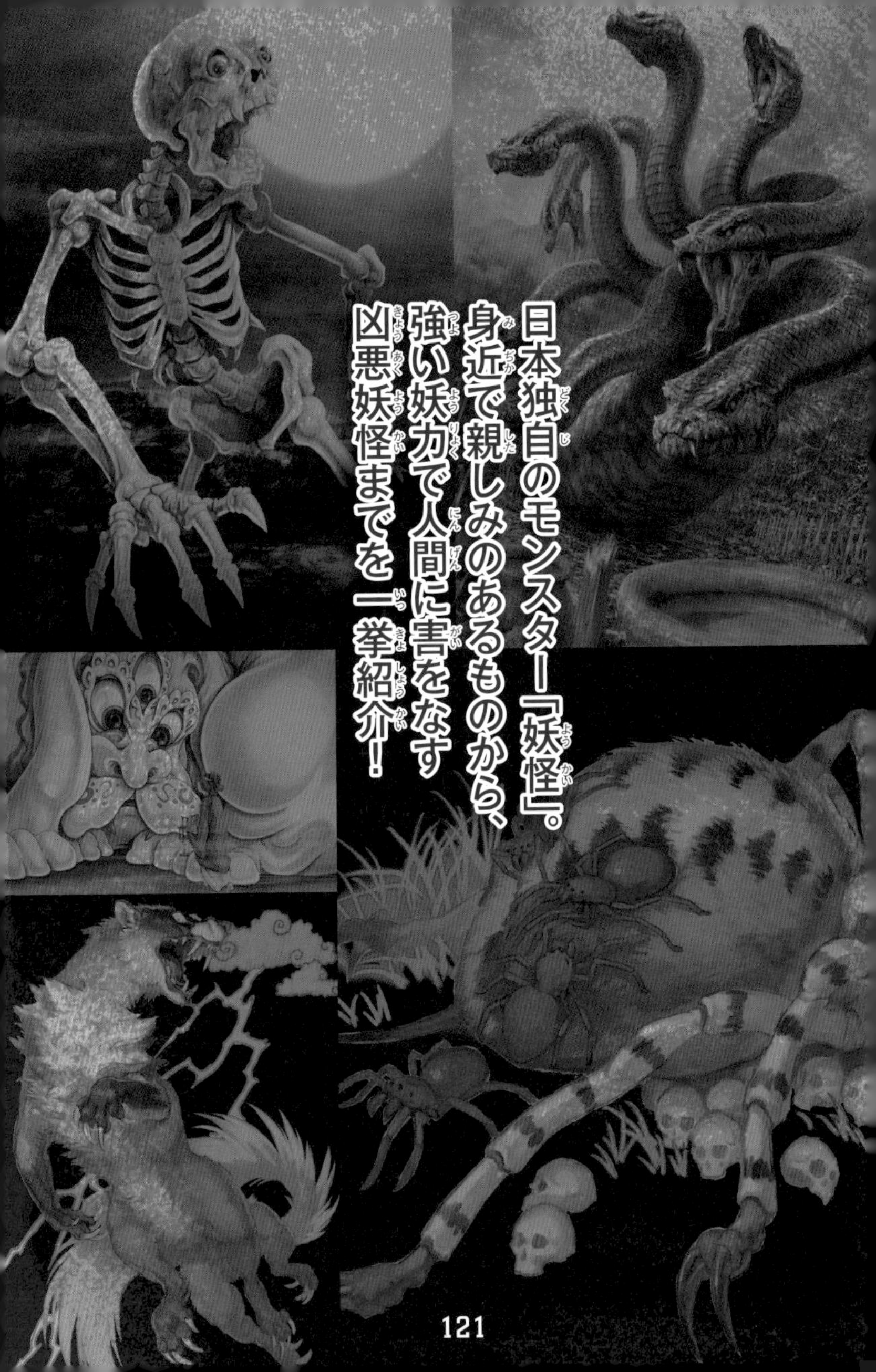
日本独自のモンスター「妖怪」。
身近で親しみのあるものから、
強い妖力で人間に害をなす
凶悪妖怪までを一挙紹介！

鬼

日本の最強モンスター

ポイント
肌の色はさまざまだが、赤や青がよく知られている。

SIZE

危険度：●●●●○
レア度：●●○○○

DATA

出没場所：日本各地
体長：1.8～2m
特徴：ひたいに角をもつ人型の妖怪。戦闘能力は非常に高い。
性格：凶暴かつ残酷。人里に現れては若い女や子どもをさらう。

ポイント
するどいキバがあり、人間を頭からバリバリと食らう。

屈強な体とおそろしいほどの怪力をもち、人間に多くの悪さをする怪物。『桃太郎』をはじめとして、日本のさまざまな昔話や伝説に登場する。人間の女が特殊な魔力を持った鬼女や、地獄で番人としてはたらく鬼もいる。

なるほど！モンスター
Column 12

MONSTER OF LEGEND

日本各地の鬼伝説

日本各地には、鬼にまつわる伝説が数多くのこされている。鬼が登場する物語の中で最も有名なものが『桃太郎』だろう。桃から生まれた桃太郎が、イヌ、サル、キジをおともに、鬼ヶ島へ鬼退治に出向くという、だれもが知っている昔話である。この話のもとになったという鬼伝説のひとつが、岡山県に伝わっている。

むかし、岡山県が吉備とよばれていたころ、温羅という鬼がこのあたりを支配していた。温羅は、鬼ノ城とよばれる山城をすみかとして、横暴なふるまいで人びとを苦しめていた。それをみかねた朝廷は、温羅退治のために吉備津彦命を派遣。はげしい戦いのすえ、温羅はとらえられ、その首が切り落とされた。しかし、首だけになっても温羅はうなり声をあげ続けたため、吉備津神社にある御釜殿のかまどの下に埋められた。その後、温羅の妻であった阿曽媛にそのかまどで煮炊きをさせると、釜を鳴らして吉凶を知らせてくれるようになったという。

じつは、桃太郎に関係があるという伝説がのこされている場所は、岡山県以外にも全国にいくつかある。その中のひとつ、香川県の女木島は鬼ヶ島のモデルといわれ、鬼たちは島の洞窟にすむ海賊だったのではな

▲鬼ヶ島伝説がのこる香川県・女木島にある鬼の像。

▲源頼光の酒呑童子退治をえがいた錦絵。酒呑童子は酒が大好きで赤ら顔だったという。

いかといわれている。

京都府の大江山には、日本最強の鬼として知られる酒呑童子の伝説がある。平安時代、酒呑童子は茨木童子などの強力な鬼の部下をしたがえて都を荒らしまわっていた。朝廷は源頼光とその配下の四天王に酒呑童子討伐を命じる。頼光たちは「神便鬼毒酒」という鬼の体をまひさせる毒が入った酒を神からさずかり、酒呑童子が酔いつぶれて眠りこんだところをねらってその首を切り落とした。酒呑童子ははげしい怒りをあらわにして、首だけの姿で頼光のかぶとにガブリとかみついたが、頼光たちがその両目をえぐると、ようやく力つきたという。

このほかにも、全国にはたくさんの鬼伝説がある。自分がすんでいる場所の近くにはどんな伝説があるか、ぜひ調べてみよう。

56 Monsters of the World

ひとつ目小僧

いたずら好きの小坊主

危険度：●●○○○
レア度：●●○○○

ポイント
舌は長く、おどろいて腰をぬかした人間の顔をぺろりとなめる。

夜、道に迷ってひと気のない荒れ寺にたどりつくと、いつのまにか目の前に小坊主がいる。ふり向いたその顔の真ん中にあったのは、ぎょろりと光るひとつ目だった！

DATA
出没場所：日本各地
体長：1.2～1.5m
特徴：小さな子どもの姿をしていて、顔には大きなひとつ目がある。
性格：夜道で人をおどかすなど、ちょっとしたいたずらをするのが好き。

Monsters of the World 57

3章 妖怪見つけ！ 日本のモンスター

百目鬼

体中に目がある！

下野国宇都宮に現れた100の目をもつ鬼。平安時代の武将・藤原秀郷に急所の目を矢で射られて瀕死になった。のちに改心し、二度と悪さをしないとちかったという。

ポイント

体のどこかに弱点の目がひとつだけあり、攻撃されると体から炎をあげてのたうちまわる。

DATA

出没場所：日本 栃木県

体長：3m

特徴：体に100の目があり、表面を刃物のようなするどい毛がおおう。

性格：死んだウマが好物。凶暴だが人をおそったという記録はない。

SIZE

危険度：

レア度：

58
Monsters of the World
国を滅亡にみちびく悪妖怪
九尾の狐
ポイント
白い顔と金色の毛並をもつことから「白面金毛九尾の狐」とよばれることもある。

日本の代表的な妖怪のひとつに数えられる最凶の妖狐。平安時代、「玉藻前」という名の美女に化けて朝廷に入りこみ、国を滅ぼそうとした。しかし、陰陽師によってその正体があばかれ、逃亡先の那須野で討ち取られた。

陰陽師の祈祷で正体があらわになり、狐の姿で宮中から逃げ出した。

ポイント

SIZE

危険度:●●●●●
レア度:●●●●○

DATA
出没場所:日本、中国
体長:2〜3m
特徴:その名のとおり、9本の尾をもつ妖狐。美女に化けるが、なかなか正体を見せない。
性格:非常にずるがしこく、妖力も強い。

MONSTER OF LEGEND

石になった九尾の狐

平安時代のこと。鳥羽上皇のもとにひとりの女官がつかえることになった。名前を「玉藻前」といい、姿が美しいだけでなく頭も非常によかったため、すぐに鳥羽上皇のお気に入りとなった。ところが、玉藻前が宮中に現れてしばらくたったころ、鳥羽上皇が原因不明の病に倒れてしまった。

朝廷につかえる陰陽師（占い師）の安倍泰成がその原因を占ってみると、浮かび上がってきたのは玉藻前の存在だった。鳥羽上皇は半信半疑のままだったが、安倍泰成の祈祷によって玉藻前の正体が明らかになった。

じつは玉藻前は、９つの尾とおそろしい妖力をもった妖狐「九尾の狐」だったのだ。九尾の狐は、美女に化けて王となる人物に近づいては、さまざまな国を滅亡にみちびいてきたといわれている悪い妖怪だ。

正体を見やぶられてキツネの姿になった玉藻前は、９本の尾をふりみだしながら空へとかけあがり、そのまま東の那須野（現在の栃木県那須塩原市）へと逃げていった。朝廷は討伐軍を編成し、九尾の狐退治に向かう。安倍泰成の祈祷と、弓の名手である三浦介義明、上総介広常の活躍により、みごと妖狐は討ちとられたのである。しかし、さすがに最強の妖力をもつ

▲美しい女官の姿をした玉藻前。正体は九尾の狐だ。

▲栃木県那須町にある史跡「殺生石」。

といわれる九尾の狐である。そのすさまじい怨念は、みずからの死体をひとつの大きな毒の石に変化させた。石は猛毒の息をはき、近づく人間や動物を次々と殺していった。石のまわりには草木もはえず、いつからか「殺生石」とよばれるようになる。

だれもその場所には近づかなくなり数百年がたったころ、会津からやってきた玄翁という僧がこの地をおとずれた。玄翁が強力な法力で殺生石を打ちくだくと、ようやく九尾の狐は成仏したという。このできごとから、玄翁和尚はその後、かなづちの別名〝げんのう〟の由来となった。

じつはこの殺生石があったといわれる場所が、今も栃木県那須町にのこっている。また、われた殺生石の破片は全国各地に飛びちったといわれ、岡山県真庭市の化生寺をはじめとする寺や神社にまつられている。

雷獣

雷とともに落ちてくる

ポイント

毛の生えたクモのような雷獣もいる。その姿は一定ではない。

危険度：●●○○○
レア度：●●○○○

DATA
出没場所：日本各地
体長：30〜40cm
特徴：するどいツメがあり、イタチやアライグマなどの動物に似ている。
性格：とくに人間に悪さはしない。

雷雲に乗って移動するという動物型の妖怪。雷と同時に地上へ落ちてきて、木の幹などにギザギザの深い爪あとをのこす。人に飼われてなつくこともあったようだ。

Monsters of the World 60

するどい刃をもつ疾風

かまいたち

急に突風が吹き、ふと気づくとするどい刃物で切ったような傷ができている。これは妖怪かまいたちのしわざだ。風が強く乾燥した日によく現れるという。

危険度：●●○○○
レア度：●●○○○

ポイント
かまいたちに切られた傷は、痛くもなければ血も出ないといわれる。

DATA
出没場所：日本各地
体長：不明
特徴：両手にカマのあるイタチ姿をしている。
性格：どう猛で無差別に人を攻撃する。

61

Monsters of the World

ヤマタノオロチ

いにしえの大蛇

ポイント

目はホオズキのように赤くらんらんと光る。

ポイント

尾の中から出てきた大剣は天叢雲剣（草薙剣）とよばれ、三種の神器のひとつになった。

日本最古の歴史書『古事記』などに登場する、神話時代の巨大な怪物がヤマタノオロチだ。8つの頭と8本の尾をもち、その大きさは8つの丘と谷をまたぐほどだった。酒がとにかく好きで、ヤマタノオロチをたおす秘策としてつくられた「八塩折の酒」に酔いつぶれたところをスサノオによって退治された。

！ヤマタノオロチをたおしたスサノオは太陽神アマテラスの弟で、乱暴者だったため天界から人間界に追放された。いけにえにされそうになっていたクシナダ姫を助け、のちに結婚する。

▲浮世絵にえがかれたスサノオ。クシナダ姫とのあいだに生まれた息子オオクニヌシは、日本の国作りをした神といわれる。

SIZE

危険度：●●●●●
レア度：●●●●●

DATA
出没場所：日本 出雲地方
全長：丘と谷をこえるほど
特徴：8つの頭と8本の尾をもつ大蛇の姿をした怪物。肉食で、若い娘の肉を食べる。酒に目がない。
性格：残忍でどう猛。

巨大ガイコツ妖怪

がしゃどくろ

ポイント
見つかると歯をガチガチとかみ鳴らしながら追いかけてくる！

危険度：●●●●○
レア度：●●●○○

DATA
出没場所：日本各地
体長：3～10m
特徴：巨大な骨だけの妖怪。呪術者があやつっていることもある。
性格：知能はあまり高くないが、生きている人間へのうらみが強い。

死者の無念や怨念が野ざらしのガイコツにのりうつり、それらが集まって大きなガイコツの化け物になったもの。夜中に現れ、生きている者を見つけては食らう。

3章 妖怪見っけ！ 日本のモンスター

だいだらぼっち

怪力で心優しい巨人

ポイント
休むときは山に腰かけ、川で手足や顔を洗うという。

危険度：●○○○○
レア度：●●●○○

DATA
出没場所：日本各地
体長：不明
特徴：山よりも大きな巨人。富士山やびわ湖を作ったといわれる。
性格：おだやかな性格で、人間と仲良く共存していたと伝えられる。

日本全国に伝説がのこる巨人。土をすくって山を作ったり、ころんでついた手足のあとが大きな湖や池になったという言い伝えがさまざまな場所でのこされている。

64
Monsters of the World
天狗
山を支配する大妖怪
ポイント
大きな翼で鳥のように空を飛ぶこともできる。
DATA
出没場所：日本各地
体長：2m
特徴：長い鼻の「鼻高天狗」や鳥のような顔の「カラス天狗」がいる。
性格：山にすむ神のような存在。人をさらったり、悪さをする者もいる。
SIZE
危険度：
レア度：

日本中の山にすんでいるという妖怪。昔から、山で起こるあやしいできごとの多くは、天狗のしわざであると考えられていた。非常に高い戦闘力と神通力をもち、しばしば人間に武術のけいこをつけることもあった。

ポイント

山の中で修行をする山伏と似たような装束をしている。

なるほど！モンスター
Column 14

MONSTER OF LEGEND

天狗は妖怪、それとも神？

天狗は日本中の山にすむといわれている。山で起こるさまざまな怪異現象は、天狗のしわざであると考えられ、天狗の名前がつけられているものが多い。たとえば、木のたおれる音が聞こえ、あわてて見にいってみるとたおれた木はどこにもない。これは「天狗だおし」とよばれ、山の中ではよくある怪異だ。ほかにも、だれもいないところで急に頭上から小石や砂が降ってくる「天狗つぶて」や、子供が山の中で急にふっと消えてしまう「天狗かくし」などがある。

実際に天狗を見たという話はあまり多くないものの、その存在をしめす証拠の品は各地にのこされている。静岡県伊東市の仏現寺には、峠で旅人を困らせていた天狗をこの寺の僧がこらしめた際、反省した天狗が書いたといわれる「天狗のわび証文」が現存する。人間には読めない天狗文字で書かれており、いまだ解読できたものはいないそうだ。

不思議な現象を起こしたり、人間に悪さをする妖怪としての天狗がいる一方で、神様に近い、強い神通力（超能力）を持つ天狗もいる。霊峰といわれる神聖な山にすむ大天狗はそれぞれ名前がついており、古来、多くの人びとの信仰を集めてきた。その中でも力が強

▲叡山電鉄鞍馬駅の近くにある大きな天狗の像。

▲鞍馬山の僧正ガ谷で牛若丸に武芸のけいこをつける鞍馬山僧正坊。

く、日本を代表する八天狗とされているのが、愛宕山太郎坊（愛宕山）、鞍馬山僧正坊（鞍馬山）、比良山次郎坊（比良山）、飯綱三郎（飯綱山）、大山伯耆坊（相模大山）、彦山豊前坊（英彦山）、大峰前鬼坊（大峰山）、白峯相模坊（五色台白峰山）である。

とくに鞍馬山僧正坊は、牛若丸（幼少時代の源義経）に兵法を教えた天狗として有名だ。また、鞍馬山には僧正坊とは別に、護法魔王尊（サナトクマラ）とよばれる天狗もまつられている。サナトクマラは鞍馬寺の本尊のひとつで、なんと650万年前に金星から地球にやってきた地球外生命体だといわれている。すべての天狗がそうであるとはいえないが、ひょっとすると一部の天狗の正体は宇宙人なのだろうか。だとすれば、神とおそれられるほどの神通力は、地球外の高度な文明がもたらした科学力なのかもしれない。

65 Monsters of the World

牛鬼

水辺にすむ凶悪モンスター

SIZE

危険度：

レア度：

DATA

出没場所：日本各地

体長：2～3m

特徴：ウシと鬼が合体したような姿をもち、沼や湖、川などにすむ。水にひそんで人間におそいかかる。

性格：とても凶暴で残酷。

川や湖など、1か所だけ流れが遅く水の色がちがう部分があったら要注意。おそろしい妖怪・牛鬼が隠れているかもしれない。直接人間におそいかかるものもいれば、人間の影をなめて呪いをかけるものもいるという。

！クモの体にウシの頭がついている姿の牛鬼もいる。牛鬼は美女に化けて現れることもあるので、水辺の美人には気をつけよう。

66 Monsters of the World

うぶめ

道行く人に赤子を抱かせる

ポイント
牛鬼(142ページ)と一緒に現れて、人を足止めすることもある。

危険度：●●●●○
レア度：●●●○○

お産で死んだ女が化けたものといわれる。通りがかる人に赤子をだいてほしいと声をかけ、いうとおりにすると赤子がだんだん重くなり、その場から動けなくなるという。

DATA
出没場所：日本各地
体長：1.6m
特徴：赤子を抱いた女の妖怪。着物の腰から下は血に染まっている。
性格：子どもをのこして死んだ無念からか、悲しげな表情をしている。

海坊主

波間にうかぶ怪物

ポイント
その姿を見てこわがったり、叫び声をあげると船を破壊されてしまう。

危険度：
レア度：

波のないおだやかな海にとつぜん現れる黒い坊主頭の巨大な怪物。夜中や、「海に出てはいけない」といわれる特別な日に禁をやぶって船を出すと、遭遇するという。

DATA
出没場所：日本各地の海
体長：3～30m
特徴：海の中から現れる巨大な人型の妖怪。うろこがあるものもいる。船を沈めようとすることもあるが、目的はよくわかっていない。

河童（かっぱ）

日本を代表する水棲妖怪

DATA

出没場所：日本各地

体長：1.2～1.8m

特徴：川や沼、池、湖などの人里に近い水辺にすみ、よく目撃される。

性格：いたずら好きで活発。かなり友好的だが、人をおそうこともある。

SIZE

危険度：

レア度：

頭の皿にはつねに水があり、これが乾くとたちまち力がぬけてしまう。
ポイント
両腕はつながっていて、片腕を引っぱると、もう一方の腕がちぢむ。
ポイント

日本全国で古くから目撃されている水辺の代表的な妖怪。小柄だが力は強く、ウマを水中に引きこんだり、人間と相撲をとりたがる。人間の尻にあるという尻子玉が大好物で、これをとられた人は死んでしまうという。

なるほど！モンスター
Column 15

河童の仲間あれこれ

河童は、天狗（138ページ）とともに、日本を代表する妖怪のひとつである。体は緑色で背に甲羅があり、指に水かき、あひるのようなくちばしと、頭に皿をもつ姿が一般的によく知られている。しかし、各地の言い伝えで目撃されている河童は、全身に毛が生えたサルのような姿をしていることも多い。

河童は目撃談のとても多い妖怪だが、地域によって別の名前でよばれることもある。「かわこぞう」「かわたろう」「かわわらわ」などの川に関係のある名前のほか、「えんこう」「めどち」「せこ」「おしっこさま」など、変わった名前のものもいる。名前がちがえば、同じちがう妖怪と考えることもできるため、同じものかそうでないかという区別はむずかしいのだが、河童というよび方にこだわらず、自分たちの近所で昔から伝わってきた名前でよぶのがいちばんよいだろう。

宮崎県に現れたという「ひょうすべ」は、河童の仲間といわれているが、江戸時代に鳥山石燕という絵師がつくった妖怪図鑑『画図百鬼夜行』では、別の妖怪としてえがかれている。河童の好物はキュウリだが、ひょうすべはナスを好んで食べるという。

奄美大島に伝わるケンムンや、沖縄県のキジムナー

▲江戸時代の妖怪図鑑にえがかれた河童。

MONSTER OF LEGEND

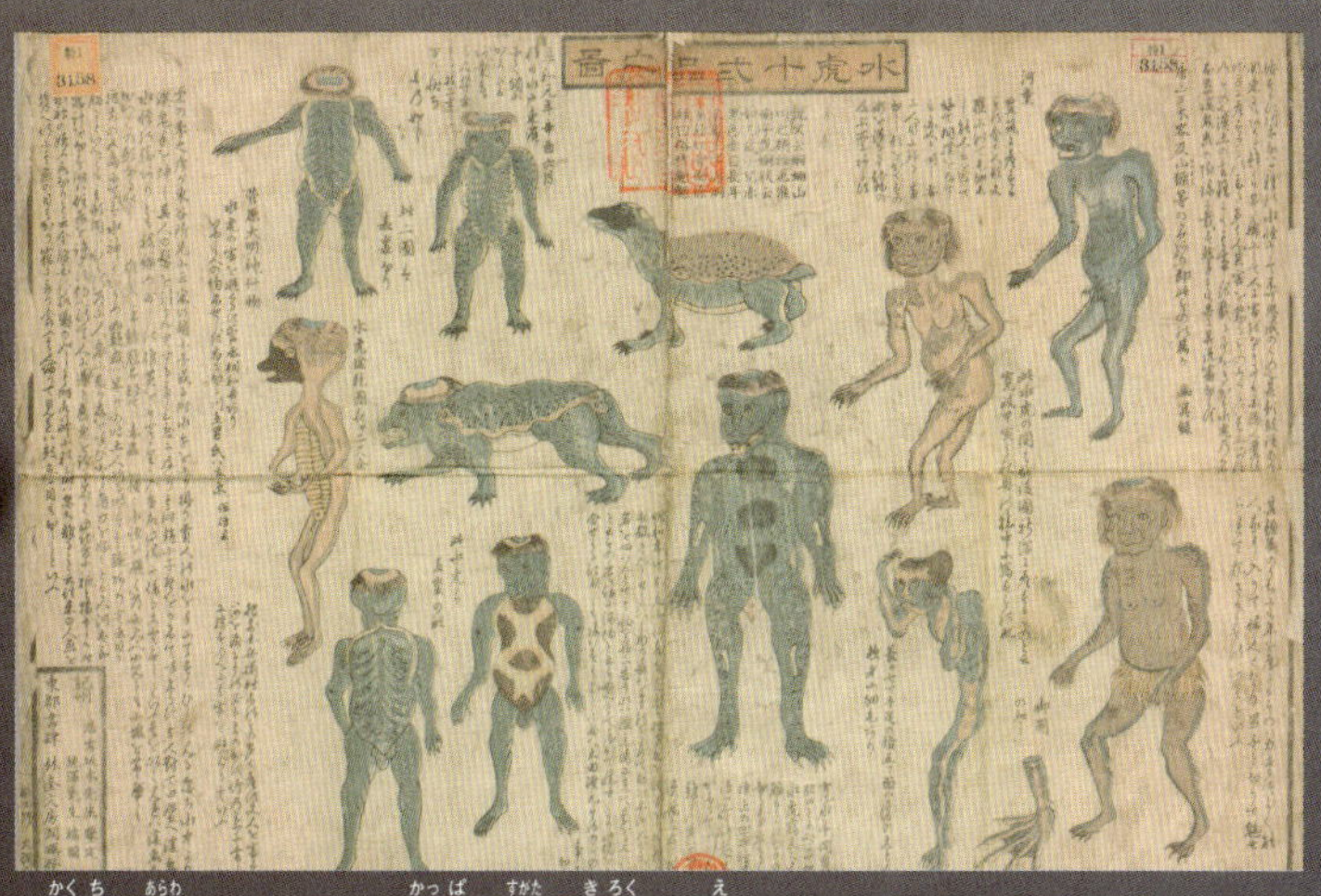

▲各地に現れたさまざまな河童の姿を記録した絵。

も、毛が生えたサルのような姿をした河童の仲間だと考えられている。海辺にすんでいるからか、キュウリよりも魚介類が好きで、魚の目玉をよく食べていたという。頭に皿があったり、腕が体の真ん中でつながっているなどの特徴は河童とよく似ている。

細かい類似点はいろいろあるが、河童の仲間の最も大きな共通点は、人間との距離の近さにある。人間やウマを水中にひきずりこんで殺してしまうといったおそろしい面もあるものの、一緒に相撲をとりたがったり、トイレにしのびこんで女性の尻をなでていたというものまでいる。また、いたずらするだけでなく、人間の仕事を手伝ってくれるものもいたという。

河童とその仲間は、日本人のくらしによりそって生きてきた、最も身近で親しい妖怪なのである。

69 Monsters of the World

土蜘蛛

人を食らうクモの怪物

ポイント

ほかの妖怪をよびよせたり、人間を病気にさせる強い妖力をもっている。

SIZE

危険度：●●●●●

レア度：●●●●●

DATA

出没場所：日本 近畿地方

体長：1.2m

特徴：山奥に巣をつくり、迷いこんだ旅人をおそって食べてしまう。

性格：どう猛で食欲おうせい。人間に強いうらみをもっている。

山奥の洞窟でえものとなる旅人をじっと待つ巨大なクモの妖怪。平安時代、源頼光が退治したといわれる。かつて神武天皇の時代には人間と同じ姿をしていた。一族を滅ぼした人間に深いうらみをもっている。

ポイント
腹の中には、ドクロがたくさんつまっている。

70 Monsters of the World

鵺

黒雲から現れる合成獣

SIZE

危険度：

レア度：

DATA

出没場所：日本 京都

体長：不明

特徴：サルの頭にタヌキの腹、トラの手足、ヘビの尾をもつ合成獣。まがまがしい声で鳴き、不吉なことを運んでくるという。

平安時代末期、京都の御所上空に現れた謎の怪物。黒雲の中にすみ、「ヒョーヒョー」と気味の悪い声で鳴く。サルの頭にタヌキの腹、トラの手足をもち、尾がヘビになった奇怪な姿をしているという。

！

「鵺」はもともと、夜の森で鳴くトラツグミという鳥のこと。不気味な声で鳴くことから、不吉な鳥とされていた。黒雲の中の化け物は鳴き声がトラツグミに似ていたため、のちに鵺という名前でよばれるようになった。

なるほど！モンスター
Column 16

怪物を倒した英雄たち②

MONSTER OF LEGEND

妖怪の中には、人間と仲良くしたり、ただそこにいるだけで何もしないというものもいるが、人をおそって悪事をはたらくものも多くいる。数々の伝説で、そうした悪い妖怪たちを退治して、平和を取り戻した英雄の存在が語られている。

平安時代中期の武将・源頼光は、酒呑童子や土蜘蛛（150ページ）などの大物妖怪を倒したことで知られている。頼光の家来である渡辺綱は、京都の一条戻橋や羅城門に現れた鬼を退治するなど、ひとりで化け物退治の功績をあげている。

源頼光のひ孫にあたる源頼政も、先祖にならって化け物退治で活躍した。弓の名手とうたわれ、御所の上空に現れた鵺（152ページ）を退治したことで知られている。

▲土蜘蛛と戦った源頼光は、怪物退治の英雄のひとりだ。

俵藤太という名でよばれることもある藤原秀郷は、平安時代に起きた承平天慶の乱で平将門を倒した武将である。秀郷は、下野国（現在の栃木県）に現れた百目鬼（１２７ページ）や、三上山の大ムカデ（１９０ページ）を退治したという伝説がある。

化け物退治で活躍したのは武将だけではない。陰陽師・安倍晴明は、酒呑童子討伐で源頼光たちを助けたといわれている。直接、妖怪を退治したという話はあまりないのだが、幼いころから百鬼夜行を目撃するなど、妖怪を感知する能力はずばぬけていたようだ。

▲大ムカデや百目鬼を倒した藤原秀郷。弓の名手といわれている。

修行で各地をわたり歩く僧たちが、ゆく先ざきで妖怪に出会い、これを退治をするという伝説も多い。紀州（現在の和歌山県）にすんでいた東光坊祐慶という僧は、奥州安達ケ原を旅しているとき、岩屋にすみ旅人をおそっては食うおそろしい鬼婆に出くわした。いち早く鬼婆の正体に気づいて逃げ出した祐慶だったが、すぐに追いつかれてしまい、あやうく食べられてしまいそうになる。そこで、持っていた観音像の力を借りて、やっと鬼婆を倒すことができたという。

冒頭で紹介した源頼光も、酒呑童子の退治の際に熊野の神から助けを得ている。人間が妖怪やモンスターを倒すには、運や神仏の力を借りることも必要なのだろう。

71 Monsters of the World

化けぞうり

陽気に歌うぞうりの妖怪

室町時代の『百鬼夜行絵巻』にえがかれているぞうりの妖怪。ぞうりだけでなく、下駄やサンダル、靴などのはきものも、粗末にあつかうと化けて出るかもしれない。

ポイント

ぎょろりとした目と大きな口。人に見つかるとニヤリと笑う。

危険度：●○○○○
レア度：●●○○○

DATA

出没場所：日本
体長：24～28cm
特徴：はきつぶされてすっかり忘れられた古いぞうりが化けたもの。
性格：夜ふけに現れ、玄関先で歌をうたったりする。

一本足で飛びはねる

からかさお化け

古くなって捨てられたかさが妖怪となったもの。ひとつ目一本足で舌をぺろりと出している。やぶれたり、穴があいていたりするので、雨の日に出会っても役に立たない。

危険度：●○○○○
レア度：●●○○○

DATA
出没場所：日本
体長：50～60cm
特徴：古いかさのお化け。からかさ小僧、かさ化けともよばれる。
性格：ぴょんぴょんと飛びまわるだけで、人に悪さをすることはない。

ポイント
高いジャンプ力をもっていて、家の屋根くらいの高さなら軽々と飛び上がる。

73
Monsters of the World
妖魔を映しだす鏡
雲外鏡
ポイント
人間が見られては困るかくされた真実をあばくことを楽しんでいるらしい。

▶エンマ大王の裁判のようす。左下にある浄玻璃鏡で死者の生前の罪があばかれる。

鏡は昔から不思議な魔力を秘めているものと考えられた。グリム童話『白雪姫』にも、人の言葉を話す魔法の鏡が登場する。中国の伝説に、魔物の姿を見やぶる「照魔鏡」があり、雲外鏡はそれと同じ力をもつといわれる。もしかすると、正体をあばかれた妖魔が古い鏡にのりうつったものなのだろうか？

！ 地獄のエンマ大王の裁判では、死者の罪を映しだす浄玻璃鏡が使われる。生きていたころの行動や、考えていたことまですべてが明らかにされるため、うそはすぐにわかってしまう。

SIZE

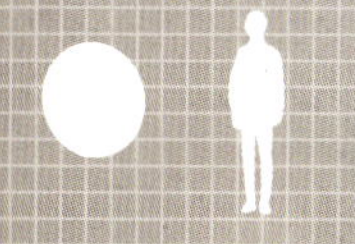

危険度：●●○○○

レア度：●●●●○

DATA

出没場所：日本

体長：不明

特徴：見るものの真実の姿を映しだすという魔力をもつ鏡の妖怪。

性格：どんな妖魔の正体もあばくが、そこに善悪の考えはない。

74 Monsters of the World

家鳴(やなり)

日本のポルターガイスト

SIZE

危険度：●●●○○
レア度：●●○○○

DATA

出没場所(しゅつぼつばしょ)：日本

体長(たいちょう)：不明(ふめい)

特徴(とくちょう)：家(いえ)の中(なか)で柱(はしら)や家具(かぐ)をゆらす。子鬼(こおに)の姿(すがた)をしていることもある。

性格(せいかく)：いたずら好(す)きな妖怪(ようかい)とも、強(つよ)い怨念(おんねん)をもつ死霊(しりょう)ともいわれる。

ポイント

どんな姿をしているのか人間の目には見えない。

強い風が吹いたり、地震が起こったわけでもないのに、急に家がゆれてミシミシと音を立て、食器や家具がひとりでに動きだす。これは家鳴という妖怪のしわざだ。西洋では「ポルターガイスト現象」とよばれている。この世に思いをのこして死んだ人の霊が、何かを伝えているのだろうか?

75

Monsters of the World

うわん

臆病者を大声でおどろかせる

ポイント

おそわれそうになったら、すぐに「うわん」と言い返せば消えてしまう。

日が暮れたころに空き家や墓場のあたりを通ると、いきなり頭上から「うわん!」と大声をあげておどかす。腰をぬかしていると大きな手でつかまえられてしまう。

危険度：●●○○○

レア度：●●●○○

DATA

出没場所：日本

体長：3～5m

特徴：古い空き家の塀から「うわん」といいながらとつぜん現れる。

性格：おどかすだけで満足するが、人間のたましいを取ることもある。

Monsters of the World 76

3 章 妖怪見っけ！ 日本のモンスター

道をふさいでじゃまする ぬりかべ

ポイント
地面から30cmくらいのところを木の枝などでサッとはらうと消える。

危険度：●●●●●
レア度：●●●●●

DATA
出没場所：日本
体長：2～3m
特徴：大きな体で道をふさぎ通れないようにする。人の目には見えない。
性格：ただ通せんぼをするだけで、ほかの悪さをすることはない。

暗い山道や夜道を歩いていると、急に目の前に大きなかべのようなものが現れ、そこから前に進めなくなる。この現象は、妖怪ぬりかべのしわざだと考えられている。

くだん

予言をする幻獣

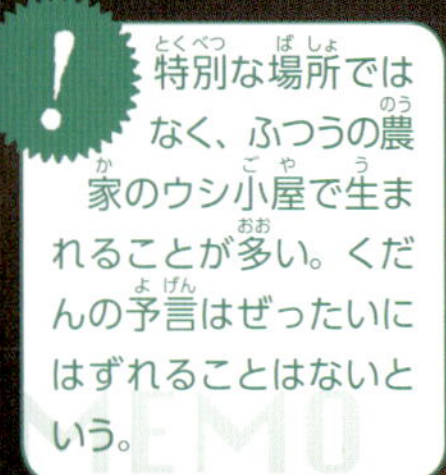

特別な場所ではなく、ふつうの農家のウシ小屋で生まれることが多い。くだんの予言はぜったいにはずれることはないという。

MEMO

SIZE

危険度：
レア度：

DATA

出没場所：日本

体長：1m

特徴：ウシの体と人間の顔をもつ人面牛身の怪物。ウシから生まれる。生まれてすぐに不吉な予言をして死んでしまうが目的は不明。

くだんは、ききんや戦争などの大きな事件の直前に生まれ、これから起こる災厄について予言する。その姿を絵にして飾っておくと災いをさけることができるともいわれる。

なるほど！モンスター
Column 17

魔よけになる妖怪

人間の前にとつぜん現れ、未来を予言する妖怪がいる。それらはたいてい、自分の姿を絵にのこすように告げ、毎日ながめていれば災厄がおとずれず、幸せにくらせるだろうといってどこかへ消え去ってしまう。

たとえば、未来を予言する妖怪として最も有名なものに「くだん」がある。人間の顔とウシの体をもち、生まれるとすぐにこれから起こる災厄を予言して、数日で死んでしまう。その予言はすべて正しく、はずれることはないそうだ。この絵姿を家のどこかにはっておくだけで、災いを遠ざけ、家内繁盛と豊作が約束されるなどといわれた。

くだんは死んだあとにミイラとして保存されていることがあり、そのミイラは見世物小屋などで公開されることもあった。実際に今も、くだんのミイラや剥製といわれているものは存在するが、本当に実在した妖怪のものなのかはわからない。

ほかにも予言をする妖怪に「アマビコ」というものがいる。江戸時代、肥後国（現在の熊本県）の海に毎晩、毛の長い不思議な姿をした幻獣が現れ、「自分はアマビコという

▲白澤。その絵は旅のお守りにされていた。

者だ。今後6年間は豊作になるが、病気がはやるので、この姿を絵にかいてみんなに広めなさい」と告げたという。近くでは、そっくり同じような予言をしたアマビエという妖怪も伝えられている。長い髪の毛と3本の足、とがったくちばし、体にはウロコをもった奇妙な姿をして、海の中で光っていたという。アマビコ、アマビエはもしかすると同じものだったのかもしれない。

　中国に起源をもつ「白澤」は、おもに病魔よけとして、その絵や像がお守り代わりにされていた霊獣で、人の言葉を発し、この世のあらゆることを知っていて、徳の高い王の前に現れて知恵をさずけるといわれた。江戸時代には、旅の道中でのトラブルや病魔をよけるお守りとしてかかせないものとされていたそうだ。

　ちなみに、その姿をえがいた絵は、とくにうまくなくてもよいようだ。もし予言をする妖怪に出会ったら、へたでもいいから絵にかいてのこしておくことをおすすめする。

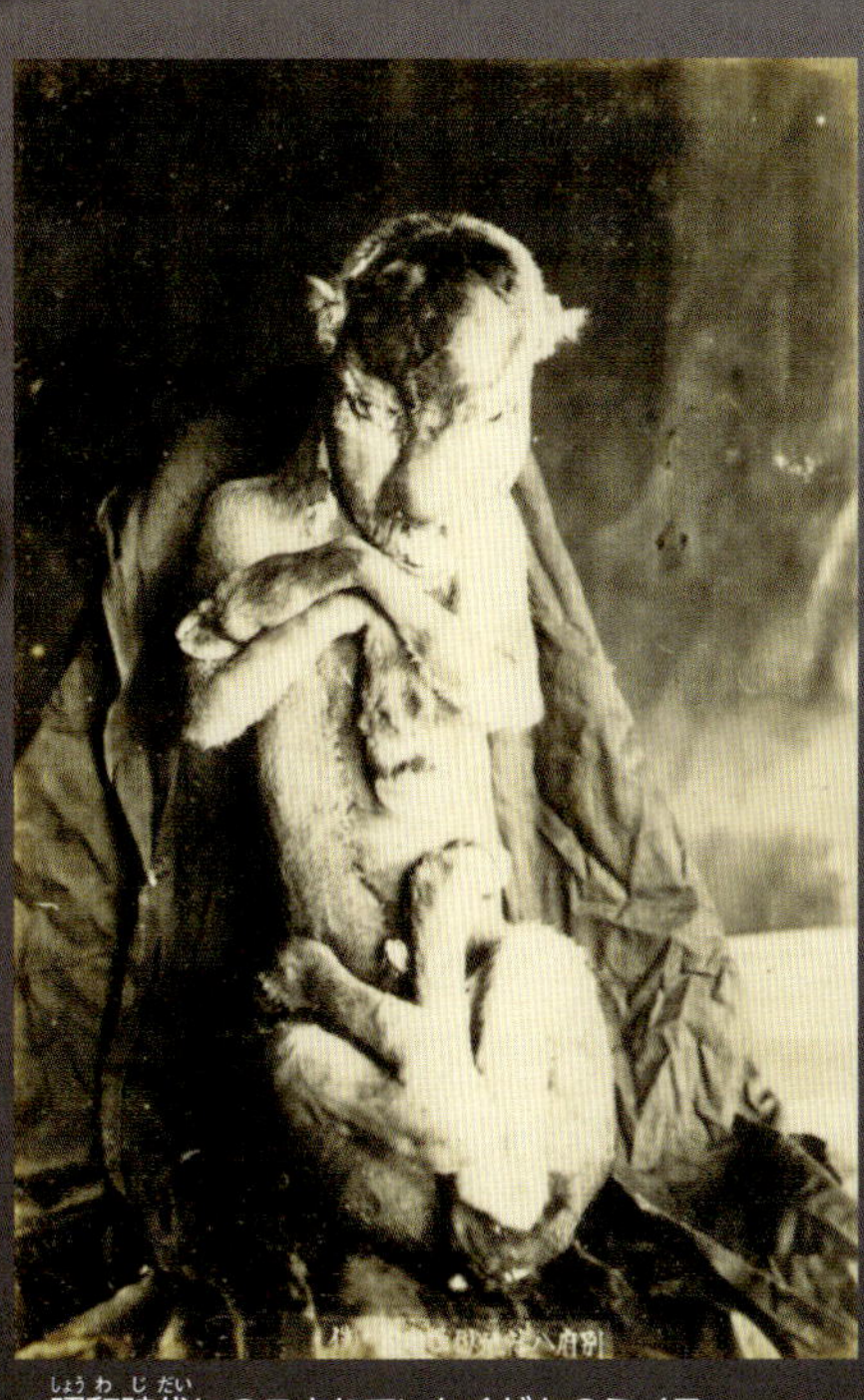

▲昭和時代にのこされていたくだんのミイラ。

78

Monsters of the World

泥田坊

田を返せと叫ぶ妖怪

ポイント

うかつに近寄ると泥の中に引きこまれる。

危険度：●●●○○

レア度：●●●○○

DATA

出没場所：日本

体長：1m

特徴：体は腰から下が泥の中にうもれていて、顔には目がひとつある。

性格：いっしょうけんめいたがやした田んぼに強い執着心がある。

田んぼの中から身の毛もよだつおそろしい声で「田を返せ、田を返せ」と叫ぶ妖怪。生前、大切にしていた田んぼが他人に粗末にされていることをうらんでいる。

ぬっぺふほふ

意思を持った肉のかたまり

ポイント

天をさして何かを伝えようとしていることも。

大きな肉のかたまりに手足が生えたような姿の妖怪。中国で、その肉を食べると怪力を得られると伝えられている「ホウ」と同じものではないかともいわれる。

SIZE

危険度：●○○○○

レア度：●●●●○

DATA

出没場所：日本

体長：1.2m

特徴：目も鼻も口もなくぶよぶよの肉のかたまりのような形をしている。

性格：なぜ現れるのか、どうやって生まれたのかは不明。

80 Monsters of the World

一本だたら

禁じられた厄日に出現

毎年12月20日の「果ての二十日」に、和歌山県と奈良県にまたがる山中に現れる。その正体は、年老いて背中に笹が生えた大イノシシが化けたものだという。

危険度：●●●●○

レア度：●●●○○

雪の上に30cmほどの足あとをのこすこともある。

ポイント

DATA

出没場所：日本 近畿地方

体長：不明

特徴：山中にすむひとつ目一本足の怪物。山の主が化けたもの？ 特別な日に現れ、禁をおかして山に入ってきた人間をおそう。

毛羽毛現

めずらしいもじゃもじゃ妖怪

ポイント
本体は毛だけで、中身はからっぽなのかもしれない?

危険度:
レア度:

体中が長い毛におおわれた毛むくじゃらの妖怪。じめじめとうす暗い縁の下などにひそむ。疫病神の一種ともいわれ、これがすみつくとその家から病人が出るという。

DATA
出没場所:日本
体長:不明
特徴:全身が長い毛でおおわれており、湿った場所に現れる。民家などにすむが、めったに人前に姿を現すことはない。

4章 本当にいた！巨大モンスター

深海にすむダイオウイカから、
古代の奇妙な生き物まで、
地球上に実際に生息した
巨大な体をもつ怪物たちが大集合！

82 Monsters of the World

ダイオウイカ

深海にすむ超巨大イカ

ポイント

目の大きさはおよそ30cm。

SIZE

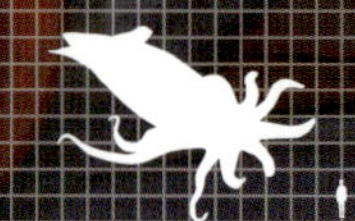

危険度：

レア度：

DATA

出没場所：世界各地

全長：6～20m

特徴：深海にすむ世界最大の軟体動物。2本の長い触腕でえものをとらえて捕食する。天敵はマッコウクジラ。

性格：おとなしいが貪欲。

水深650~900メートルの深海に生息する世界最大のイカ。2013年には水中を泳ぐ生きた姿が映像でとらえられた。目が大きく、光のほとんど届かない深海でも活動できる。

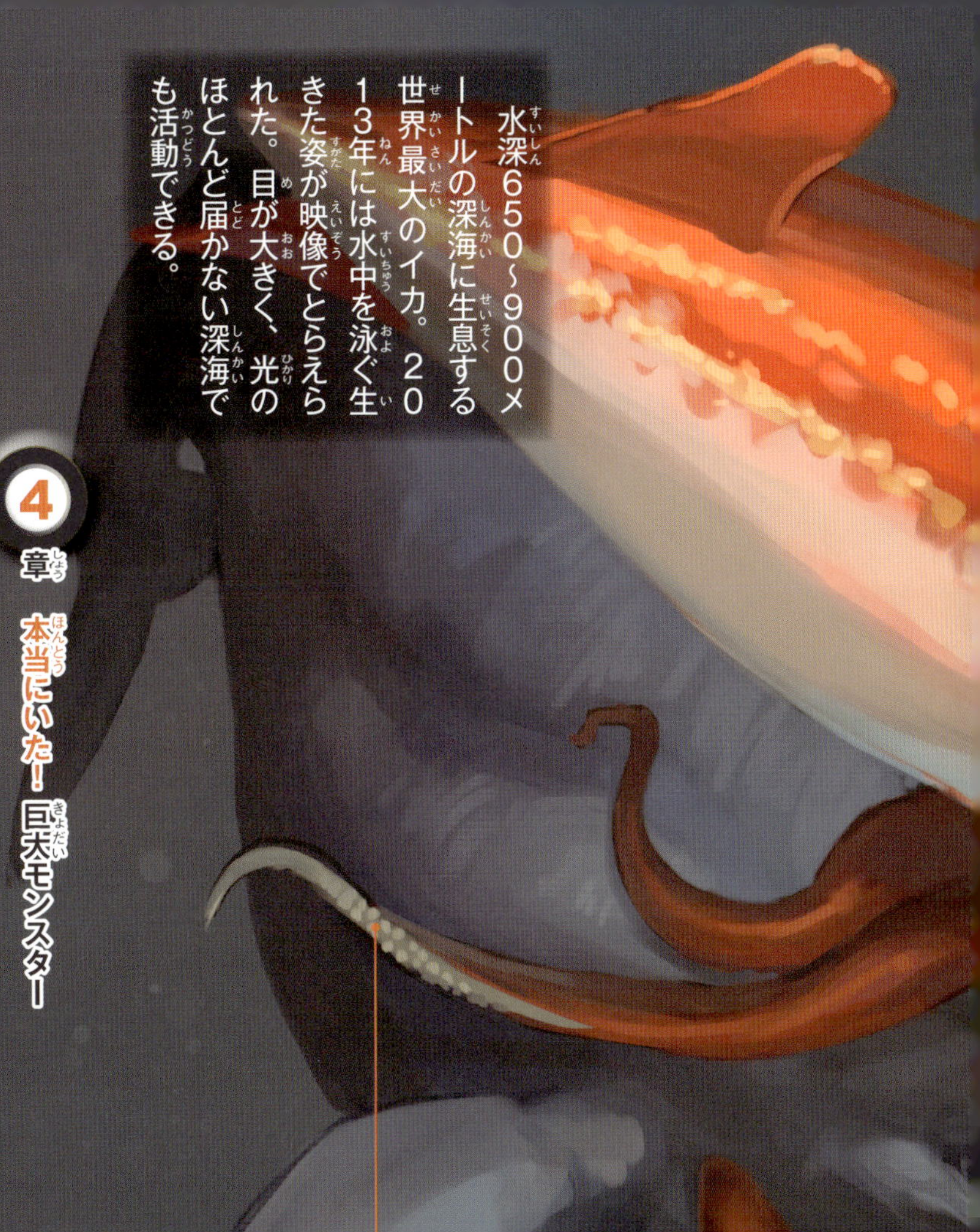

ポイント

吸盤にはのこぎり状のとげがびっしりと並んでいる。

クラーケンの伝説

海にすむ巨大な魔物として古くからおそれられてきたモンスターがクラーケンだ。イカやタコに似た姿をしていると伝えられることから、じつは、ダイオウイカがその正体なのではないかといわれている。

古くは北欧神話に登場し、〝海の悪魔〟ともいわれる。無数の長い足で船をからめとると、あっという間に破壊して人も船も海中に引きずりこんでしまうという。風も波もないおだやかな海で、急に海面があわ立ちはじめたら、それはクラーケンが出現する合図だ。

中世ヨーロッパの博物誌には、クラーケンがスミをはくと、あたりの海が一面まっ黒にそまると書かれている。

また、船旅の途中で見なれない無人島に到着して数時間ほど滞在したのち、島をはなれてみると、島だと思っていた陸が、じつはクラーケンの体の一部だったという話もあるほどだ。

クラーケンは伝説だけでなく、近年まで目撃談が語られている。1930年代には、ノルウェー海軍の戦艦がクラーケンにおそわれた。触手を船体に巻きつけたはいいが、スクリューで体の一部が傷つき、そのまま逃げてしまったという。

また、航海史

▲2006年に、小笠原諸島沖で生きた姿を現したダイオウイカ。

上最大のミステリーといわれる「メアリー・セレスト号事件」にもクラーケンがかかわっているといううわさがある。

1872年、ポルトガル沖を漂流しているところを発見されたメアリー・セレスト号は、不思議なことに乗組員がひとりのこらずいなくなっていた。その理由として、船がクラーケンにおそわれ、全員が海のもくずとなってしまったのではないかというのだ。この事件の真相は今も解明されていない。

これまでに地球上に現存する動物の中で最大といわれているものは、全長33メートルにもなるシロナガスクジラである。正確な大きさはわからないにしても、もしも仮にクラーケンが実在して、ダイオウイカとは別のものだとすれば、地球上ではまだ知られていない最大級の生物ということになるはずだ。

▲船をおそうクラーケンの想像図。

83 Monsters of the World

甲冑のようなな骨をもつ

ダンクルオステウス

ポイント
まるで鉄かぶとをかぶったようにかたい頭。

ポイント
尾部はやわらかい軟骨などでできていた。

▶ダンクルオステウスの頭骨。よろいのようにかたい骨板におおわれていた。歯に見える部分も骨の一部。

およそ4億年前、デボン紀の海で繁栄した巨大な怪魚。頭部は甲冑のようにかたい骨で守られ、キバのようにするどくとがったアゴをもつ。強力なアゴの力でえものを骨ごとかみくだいて肉を丸のみすると、消化できない骨などはあとからはき出していた。デボン紀の終わりに絶滅した。

！ダンクルオステウスは絶滅した板皮類とよばれる魚の種類に属する。頭から肩にかけてがんじょうな骨板でおおわれ、それぞれの骨はちょうつがいのような関節でつながれていた。

SIZE

危険度：●●●●○
レア度：●●●●●

DATA
出没場所：北アメリカ、北アフリカ
全長：6ｍ
特徴：がんじょうな頭部をもち、アゴの内側はするどくとがっている。
性格：高い防御力と攻撃力をかねそなえており、凶暴。

84
Monsters of the World
絶滅した古代の巨大ザメ
メガロドン
歯のふちにはのこぎり状のギザギザがついている。
ポイント

1918年、オーストラリアのニューサウスウェールズ州沖で、30メートルをこえる巨大なサメが目撃された。これは、1800万年前ごろに生息していたメガロドンの生きのこりではないかといわれる。絶滅したはずの巨大ザメは、まだこの地球上に存在しているのかもしれない。

! メガロドンの歯の化石は、日本では「天狗の爪石」といわれ、寺などで宝物として大事に保管されていることがある。大きなものだと、大人の手のひらくらいのサイズになる。

危険度：●●●●●
レア度：●●●●

DATA
- 出没場所：世界各地
- 全長：15m
- 特徴：史上最大のサメ。クジラをおそって食べていたという。えものを追いつめ、するどい歯をつきたてて食べる。
- 性格：肉食で凶暴。

▲10cmをこえるメガロドンの歯。この歯でおそわれたらひとたまりもない。

8500万年前ごろの白亜紀後期に生息していた海生爬虫類。くちばしのような細長いアゴにするどい歯がびっしりはえていた。とてもどん欲で、小型の恐竜ならぺろりと食べてしまう。

DATA
出没場所：世界各地
全長：14m
特徴：浅い海にすむ大型の爬虫類の一種。くちばしのようなアゴをもつ。
性格：どん欲でどう猛。大きな口を開けてえものを丸のみにしていた。

Monsters of the World 86

ヘビに似た古代の海生哺乳類

バシロサウルス

危険度：

レア度：

DATA
出没場所：世界各地
全長：20m
特徴：新生代始新世の哺乳類。肉食でサメなどの大型の魚をおそって捕食していた。

およそ4000万年前まで生息していた原始的なクジラの一種で、ウミヘビなどの爬虫類に似ているが哺乳類。泳ぎは得意ではなかったと考えられている。

ポイント
ひれが小さく、泳ぎは得意ではなかったといわれる。

87 Monsters of the World

奇怪なエビ型モンスター

アノマロカリス

ポイント

ひれを波うたせて
海を自由に泳ぐ。

SIZE

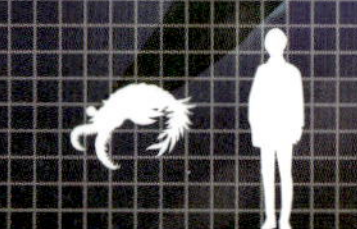

危険度：

レア度：

DATA

出没場所：世界各地

全長：1m

特徴：カンブリア紀最大の節足動物といわれる。当時の生態系の頂点に君臨した。

性格：一度食いついたらはなれない。

5億3000万年前ごろ、地球上で最強の生物として君臨したのがアノマロカリスである。名前は「奇妙なエビ」を意味し、現生動物のどの分類にも当てはまらない。最大で2メートルもの大きさがあった。

88 Monsters of the World

ウミサソリ

史上最大の節足動物か?

危険度:●●●○○
レア度:●●●●●

DATA
出没場所:世界各地
全長:最大2m
特徴:名前はサソリだが、カブトガニに近い種類とみられている節足動物。
性格:きわめて凶暴。

およそ4億年前ごろのシルル紀の海で暴れまわった肉食の大型節足動物。水中を素早く泳ぎ、大きなハサミをふるってえものをとらえては、その肉を食べていたという。

ポイント
オール状になっていて、力強く水をかく。

クーラスクス

扁平な体をした巨大両生類

危険度：●●●○○
レア度：●●●●●

DATA
出没場所：オーストラリア
全長：5m
特徴：サンショウウオに似た巨大な絶滅両生類。
性格：どん欲で、口に入るものは何でも食べる。

5メートルもの体長で、体の高さはわずか30センチしかない。絶滅した両生類の一種で、白亜紀ごろに生息していたと考えられている。頭の幅は胴体の2倍あり、ペタンコで頭でっかちの奇怪な姿をしていた。

90 Monsters of the World

アースロプレウラ

古代のお化けムカデ

ポイント

体重はとても重く地面がめりこむほどだったという。

SIZE

危険度：

レア度：

DATA

出没場所：北アメリカ

全長：２～３m

特徴：体に20以上の節をもち、ムカデやヤスデに近い姿をしていた。

性格：見た目とはちがっておとなしく、草食だったといわれている。

およそ3億年前の古生代石炭紀に生息。史上最大級の節足動物として、ウミサソリと互角にわたりあえる大きさをもつ。シダ植物がおいしげる原始のジャングルを、たくさんの足がついた体ではいずりまわったあとが化石としてのこっている。

ポイント

アースロプレウラが生きた石炭紀は地上の酸素濃度が高く、昆虫などが巨大化していた。

なるほど！モンスター
Column 19

MONSTER OF LEGEND

大ムカデ退治の伝説

日本には、古代の大ムカデをはるかにしのぐ化け物ムカデが現れたという伝説が各地にのこされている。中でも有名なものが滋賀県大津市に伝わる「三上山の大ムカデ」伝説である。これは、平将門を倒したことでも知られる武将・藤原秀郷の武勇伝である。

あるとき、秀郷が琵琶湖近くの瀬田川にかかる通称「瀬田の唐橋」をわたろうとしたとき、人の5倍ほどもあろうかという大きさの大蛇が横たわっていた。

そのころ、付近の村人たちは大蛇をおそれて橋に近よることさえできなくなっていたのだが、秀郷は「じゃまだなあ」とばかりに、平然とそれをふみつけて橋をわたっていってしまった。

その夜、秀郷のもとへ美しい女がたずねてきた。じつは女は、琵琶湖の龍神の娘で、昼間の大蛇は自分が化けた姿なのだという。秀郷の肝のすわった先ほどの態度から、これはよほど腕におぼえのある武将にちがいないと見こんで、龍神一族を苦しめている大ムカデの化け物を退治してほしいとたのみにきたのだ。

大ムカデは、琵琶湖の東にある三上山にすんでおり、その体は山を7巻き半するほどの巨大さだという。龍神一族のたのみを引き受けた秀郷は、剣と弓をたずさえ、大ムカデのもとへと向かった。

戦ってみると、大ムカデの体は非常にかたく、ただの矢ではまったく歯がたたない。

▲三上山を７周半するほどの大きさをもつ大ムカデと向かいあう藤原秀郷。

次々と用意した矢がはじき飛ばされてしまい、とうとう最後の１本になった。

ピンチとなった秀郷は、そこでふとムカデや妖怪が人間のつばに弱いといわれていることを思い出した。秀郷は心を決めて、矢尻につばを付け、神に祈りながら魂をこめて最後の一矢を放った。すると、その矢は大ムカデのひたいにざっくりと深くつきささり、大ムカデは悲鳴をあげながらくずれおちていったという。

こうして大ムカデを退治した秀郷は、その後、竜宮に招かれ、さまざまなほうびとともに、「避来矢」というよろいをさずかった。このよろいは、飛んできた矢を避ける不思議な力を持っていたといわれる。また、この伝説の舞台となった瀬田の唐橋のほとりには、大ムカデの供養のためにたてられた「百足供養堂」が今ものこされている。

91 Monsters of the World

伝説の大蛇が実在した!?

ティタノボア

「巨大なボア（ヘビの一種）」という名のティタノボア。長さ約13メートル、重さ1・1トン、胴まわりは1メートルあり、史上最大のヘビとして知られている。現在のヘビでも最大10メートルなのでかなりの大きさだ。

SIZE

危険度：●●●●○
レア度：●●●●●

DATA
出没場所：南アメリカ
全長：13m
特徴：約6000万年前に生息していた史上最大のヘビ。
性格：ワニを丸のみするほど凶暴。

えものに巻きついてしめあげ、パクリとひとのみにしてしまう。
ポイント
4
章
本当にいた！巨大モンスター

92 Monsters of the World

謎の大型哺乳類

デスモスチルス

およそ1800万年前の中新世に生息していた水陸両生の絶滅哺乳類。カバに似た姿だが、どんな暮らしをしていたのかはわかっていない。

ポイント

デスモスチルスの仲間の頭骨は明治時代、日本の岐阜県で初めて発見された。

危険度：●●○○○
レア度：●●●●●

DATA

出没場所：日本、アメリカ

全長：3.5m

特徴：束になって生えている歯が特徴。くわしい生態は不明だが、海岸にすみ、動きはのそのそとしていてにぶかったといわれる。

太陽熱を背中に集める

ディメトロドン

約2億9000万年前に生息していた哺乳類型爬虫類（単弓類）の一種。気温によって体温が変わる変温動物で、背中の大きな帆は体温調節機能をもっていたという。

背中の帆で太陽の熱を集めて血液の温度を上げていた。

危険度：●●●○○
レア度：●●●●●

DATA
出没場所：北アメリカ
全長：3.5m
特徴：背中の帆が大きい。恐竜よりも古い時代に生きていた。
性格：非常に活発で、すばやい動きでえものをとらえることができた。

最凶の肉食鳥類

ディアトリマ

ポイント
足の力がとても強く、えものに強烈なキックをあびせることも。

SIZE

危険度：●●●●●
レア度：●●●●●

DATA
出没場所：北アメリカ、ヨーロッパ
体長：2.2m
特徴：地上走行性の大型鳥類。足がとてもはやくえものを逃がさない。体重が500kgをこえるものも。
性格：凶暴で高い攻撃力をもつ。

およそ4000万年前まで生息していた絶滅鳥類。大きなくちばしと強力なかぎづめをもち、ものすごいスピードでえものを追いかけて地上を疾走する。恐竜絶滅後、地球上で最もおそれられた鳥だ。

ポイント

翼は退化しており、空を飛ぶことはできない。

本当にいた！ 巨大獣人

ギガントピテクス

およそ100万年前ごろに生息していた史上最大の霊長類。ゴリラの2倍の体格をほこる。獣人ビッグフット（20ページ）は、もしかするとこの生きのこりなのだろうか？

危険度：●●●○○
レア度：●●●●●

DATA

出没場所：中国、インドほか

体長：3m

特徴：発見された骨から、ゴリラの2倍ほどの体格だったといわれる。

性格：雑食で基本的には温和な性格だったと考えられている。

ポイント
竹を好んで食べ、パンダとの生存競争に負けたという説がある。

超巨大ナマケモノ
メガテリウム

危険度：
レア度：

およそ1万年前まで生息していた絶滅哺乳類。体重約3トンの巨体の持ち主。後ろ足でしっかりと立ち上がり、高い木の枝の葉を食べていたといわれる。

DATA
出没場所：南アメリカ
体長：6m
特徴：原始的なナマケモノ。木の上ではなく地上でくらしていた。
性格：草食でのんびりしている。

97

Monsters of the World

インドリコテリウム

陸上最大の哺乳類

ポイント

長い首をのばして木の枝や葉を食べていたという。

およそ2400万年前ごろまでアジアの広い範囲で生息していたといわれるサイの仲間。首が長くどっしりとしていて、その姿はキリンやウマにも似ている。

危険度：●●○○○

レア度：●●●●●

DATA

出没場所：アジア

体長：8m

特徴：史上最大の陸生哺乳類。肩の高さまでで5mに達していた。

性格：温厚で草食。巨体に似合わず逃げ足がはやい。

98
Monsters of the World
ナイフのようなキバをもつ
スミロドン
上アゴからニュッと生えた特徴的な2本のキバの長さはおよそ15センチでナイフのようにするどい。自分の体よりも大きな動物に致命傷をあたえることができたという。
4章
本当にいた！巨大モンスター
ポイント
長いキバを大型獣の首元に食いこませ、とどめをさしていたようだ。
危険度：
レア度：
DATA
出没場所：アメリカ
体長：2m
特徴：10万年前まで生息していた。ネコ科のサーベルタイガーの一種。大きなキバと前足でえものを捕食していた。

99 Monsters of the World

モンゴルの巨大肉食獣

アンドリューサルクス

ポイント

発見された頭がい骨の大きさは、長さ84cmもの巨大さだった。

DATA

出没場所：モンゴル

体長：3.5 m

特徴：体高は 2m。陸上において史上最大級の肉食獣といわれる。

性格：あまり積極的にえものを追う動物ではなかったようだ。

約4500万～3600万年前のモンゴルに生息していたという肉食獣。その生態はよくわかっていないが、骨などのかたいものをかみくだくことができる非常にがんじょうなアゴをもっていたと考えられている。

エラスモテリウム

2メートルの角をもつサイ

およそ500万年前、ユーラシア大陸の広大な草原に生息していた巨大な角をもつサイ。発見された骨がユニコーン（92ページ）とまちがわれたこともある。

DATA

出没場所：アジア、ヨーロッパ

体長：5m

特徴：ひたいに長い角をもつサイの仲間。草原にすんでいた。

性格：草食で温厚。おそわれるとその巨体と角で敵をおいはらう。

ゾウでもラクダでもない
マクラウケニア

ラクダのような体とゾウのような長い鼻をもつ不思議な姿をした古代の草食動物。約2万年前ごろまで生息し、絶滅してしまった。

危険度：
レア度：

DATA
出没場所：南アメリカ
体長：3m
特徴：ラクダのような体格と、バクやゾウのような長い鼻をもつ。
性格：木の葉や草などを食べてくらす。おとなしい性格の持ち主。

おわりに

きみはモンスターと戦えるか？

古今東西、この世界にはさまざまなモンスターが生まれ、語られてきた。太古の昔に実在したもの、まだ存在が確認されていないもの、神話や伝説に登場するものなど、それらの多くは簡単には出会えないものばかりだ。しかし万が一、実際に出会ってしまったら、どうすればいいだろう？　戦う、それとも逃げる？　きみならどちらを選ぶだろうか。

神話の英雄たちは、生まれもった能力や、神々の協力などを得て、恐ろしく強大なモンスターに立ち向かった。もしきみに生まれつき英雄の血が流れているならば、戦うことになるかもしれない。ただし、相手はどんな力をもっているかわからない。何も準備のない丸腰の状態で挑むのはあまりにも危険だ。

そのためには、しっかりと事前にモンスターの知識をたくわえ、彼らの弱点や生態などを知り、対策を練っておくしかないだろう。さらに、モンスター退治には、対モンスター用に作られた特殊な武器や防具もかかせない。それらの入手にも冒険が必要になることが多いため、つねに心も体も健康でいられるようにしておこう。

モンスター退治に役立つ武器&防具

基本の武器。聖剣や魔剣など特殊能力をもつものもある。

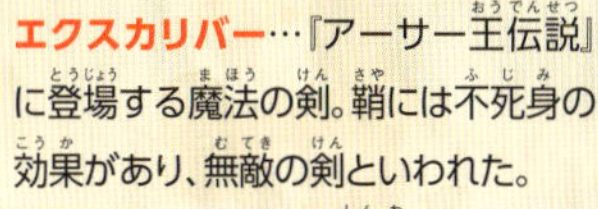

エクスカリバー…『アーサー王伝説』に登場する魔法の剣。鞘には不死身の効果があり、無敵の剣といわれた。

ハルパー…ギリシア神話でヘルメスやペルセウス（88ページ）が使っていた刀。先がカマのように曲がっている。

クラウ・ソラス…「光の剣」という意味をもつ。その強力な輝きで巨人を倒すのに役立つという。

天羽々斬…ヤマタノオロチ（134ページ）を倒した剣。

祢々切丸…日光の山にすむ「ねね」とよばれる怪物を倒したという大太刀。

▶エクスカリバーのイメージ図。選ばれし者だけが持つことができる。

◀日光二荒山神社の祢々切丸。刀身の長さは2mをこえる。

槍や弓矢、ハンマーなど剣以外にもさまざまな武器がある。

◀源頼政が鵺退治をした矢の矢尻部分。

グングニル…北欧神話の最高神オーディンがもっている槍。投げて使用する。ねらった的に必ず命中するといわれる。

ミョルニル…雷神トールがもっているハンマー。どんな相手も粉砕するほか、雷を起こしたり、投げることもできる。

鵺退治の矢…源頼政が鵺（152ページ）退治に使った矢。京都の神明神社に保管されている。

ヴァジュラ…インド神話の退魔の武器。ダイヤモンドのようにかたく、雷をあやつる。

▲グングニルをもつオーディン。投げても手の中に戻るという。

防具

モンスターの強力な攻撃をかわすためには特殊な防具が必要だ。

▶ハデスの隠れかぶとをかぶったペルセウス像。

アイギス…鍛冶の神ヘパイストスがつくった盾。ペルセウスが倒したメドゥーサの首をはめこみ、見るものを石化する無敵の盾となった。

ハデスの隠れかぶと…冥界の神ハデスがもつ、かぶると姿が見えなくなるかぶと。サイクロプス（112ページ）がつくったものといわれる。

ネメアーの獅子の毛皮…ヘラクレス（154ページ）が倒した怪物ライオンの毛皮で、剣や弓矢もはじき返すほどのがんじょうさをもつ。

避来矢…武将・藤原秀郷が大ムカデ退治（190ページ）のお礼に龍神にもらったというよろい。飛んでくる矢が当たらないといわれた。

その他

魔よけや魔法の杖など、モンスター退治に役立つアイテム。

▶魔よけに効果のある角大師。

◀指輪に刻まれているとされるソロモンの紋章。

ソロモンの指輪…古代イスラエルのソロモン王が大天使から授かったという指輪。魔神を思う通りにあやつることができるといわれる。

カドゥケウス…聖なる力が宿るといわれる杖。ギリシア神話のヘルメス神がもっていたもので、触れるものを眠らせる。

ざる…目が多いものをきらうというひとつ目小僧よけに家の前にかかげられることがあった。ひとつ目のモンスターには効き目があるかもしれない。

角大師…魔よけに効果があるといわれる護符。鬼の姿をしているがその正体は良源という天台宗の僧である。

装備をそろえてモンスターを探そう！

モンスター目撃報告書

氏名　　　　　　　　　　　　　　性別（　　）年齢（　　）生年月日

●あなたがモンスターを目撃したとき、近くにほかの人はいましたか？
a. いない　b.いた（　　　　人）　名前：

●目撃した年月日　　　　　　　　　　　　　　時刻

●天候

●どのくらいの時間あらわれていましたか？

●目撃場所（住所）
1. 市街地　2.住宅地　3.郊外　4.田園　5.山中　6.海辺　7.その他（　　　　　　　　　）
1. 室内　2.屋外　3.車中　4.飛行機　5.船　6.その他（　　　　　　　　　　　　）

●あらわれる前に予兆がありましたか？ あった場合はどういうものでしたか？
（例：急に空が暗くなった、ピカッと何かが光った、など）

●目撃したモンスターを図であらわしてみましょう。

●それはどのくらいの大きさでしたか？

●どんな動きをしていましたか？

●言葉を発していましたか？　またはどんな音を出していましたか？

●そのモンスターの弱点はどこだと思いますか？

●目撃状況をくわしく記録しておきましょう。

（目撃する前後の自分の行動やまわりの状況、気づいたことや感じたことをお書きください。あとから調べたことも書きとめておきましょう）

索さくいん引

主な参考文献

「ムー」各号（学研）／「学研ミステリー百科」各巻（学研教育出版）／ホルヘ・ルイス ボルヘス　柳瀬尚紀訳『幻獣辞典』（河出書房新社）／草野巧『幻想動物事典』（新紀元社）／草野巧『図解 錬金術』（新紀元社）／山北篤『幻想生物 西洋編』（新紀元社）／望獲つきよ『徹底図解 幻獣事典―神話・伝説を彩ってきた、個性豊かなモンスターたち』（新星出版社）／アポロドーロス　高津春繁訳『ギリシア神話』（岩波書店）／『ギリシャ神話とオリンポスの神々』（竹書房）／ブラム・ストーカー　平井呈一訳『吸血鬼ドラキュラ』（東京創元社）／柳田國男『妖怪談義』（講談社）／小松和彦『日本妖怪異聞録』（小学館）／常光徹監修『にっぽん妖怪大図鑑』（ポプラ社）／村上健司『妖怪事典』（毎日新聞社）／『幻想世界の幻獣・討伐者ベストセレクション決定版』（学研パブリッシング）／並木伸一郎『ヴィジュアル版 UMA生態図鑑』（学研パブリッシング）／山口直樹『妖怪ミイラ完全FILE』（学研パブリッシング）／ヴィジュアル版謎シリーズ『日本の妖怪の謎と不思議』『魔法魔術の謎と不思議』『超古代オーパーツの謎と真実』『未確認動物UMAの謎と真実』（学研パブリッシング）／『大ピラミッドと古代エジプトの謎』（学研パブリッシング）／宮本幸枝『津々浦々「お化け」生息マップ』（技術評論社）／宮本幸枝『日本の妖怪FILE』（学研パブリッシング）／宮本幸枝『「もしも?」の図鑑　妖怪調査ファイル』（実業之日本社）など

写真提供

ムー編集部／国立国会図書館／フォトライブラリー／井岡寺／つちのこ探検隊

［執筆・編集］ 宮本幸枝
［DTP制作］ 株式会社エストール
［装丁・デザイン］ フロッグキングスタジオ（森田直・積田野麦）
［写真提供］ PPS通信社／山田智基

学研ミステリー百科⑥

モンスター大百科

2015年12月22日　第1刷発行
2018年 2 月 9 日　第5刷発行

発行人　黒田隆暁
編集人　芳賀靖彦
発行所　株式会社学研プラス
〒141-8415　東京都品川区西五反田2-11-8
印刷所　図書印刷株式会社

■この本に関する各種お問い合わせ先
●本の内容については　☎ 03-6431-1617（編集部直通）
●在庫については　☎ 03-6431-1197（販売部直通）
●不良品（落丁、乱丁）については　☎ 0570-000577（学研業務センター）
〒354-0045　埼玉県入間郡三芳町上富279-1
●上記以外のお問い合わせは　☎ 03-6431-1002（学研お客様センター）

■学研の書籍・雑誌についての新刊情報・詳細情報は、下記をご覧ください。
学研出版サイト　http://hon.gakken.jp/

216P 17.2cm×12.2cm